GYP

# Petit Bleu

PARIS
CALMANN LÉVY, ÉDITEUR
RUE AUBER, 3, ET BOULEVARD DES ITALIENS, 15
A LA LIBRAIRIE NOUVELLE

1889

# PETIT BLEU

# CALMANN LÉVY, ÉDITEUR

## DU MÊME AUTEUR

Format grand in-18.

| | |
|---|---|
| AUTOUR DU MARIAGE, 70ᵉ édition. | 1 vol. |
| AUTOUR DU DIVORCE, 35ᵉ édition. | 1 — |
| CE QUE FEMME VEUT... ? 15ᵉ édition. | 1 — |
| ELLES ET LUI, 19ᵉ édition. | 1 — |
| UN HOMME DÉLICAT, 21ᵉ édition. | 1 — |
| JOIES CONJUGALES, 19ᵉ édition. | 1 — |
| LE MONDE A CÔTÉ, 21ᵉ édition. | 1 — |
| MADEMOISELLE LOULOU, 17ᵉ édition. | 1 — |
| PAUVRES P'TITES FEMMES !!! 18ᵉ édition. | 1 — |
| PETIT BOB, 28ᵉ édition. | 1 — |
| PLUME ET POIL, 17ᵉ édition. | 1 — |
| POUR NE PAS L'ÊTRE ! 19ᵉ édition. | 1 — |
| LE PLUS HEUREUX DE TOUS, 14ᵉ édition. | 1 — |
| SAC A PAPIER, 13ᵉ édition. | 1 — |
| SANS VOILES, 17ᵉ édition. | 1 — |
| LES « SÉDUCTEURS » ! 17ᵉ édition. | 1 — |
| LA VERTU DE LA BARONNE, 16ᵉ édition. | 1 — |

Format in-8 colombier.

LES CHASSEURS, ouvrage illustré de plus de 500 dessins par CRAFTY. . . . . . . . . . . . . . . . . . . 1 vol.

# PETIT BLEU

PAR

GYP

PARIS
CALMANN LÉVY, ÉDITEUR
ANCIENNE MAISON MICHEL LÉVY FRÈRES
3, RUE AUBER, 3

1889
Droits de reproduction et de traduction réservés.

A

MONSIEUR LUDOVIC HALÉVY

HOMMAGE DE

GYP

Novembre 1888.

# PETIT BLEU

## I

De la grande salle, celle qu'on appelait la salle carrée, s'élevait un bruit assourdissant.

Sous la surveillance d'une religieuse qui allait et venait d'un pas automatique, une centaine de petites filles de huit à quinze ans chantaient, ou plutôt criaient à tue-tête une ronde monotone :

> Sire Enguerrand, venant d'Espagne,
> Passant par là, voulut se reposer.
> Il monte au haut de la montagne,
> Faites du feu, je veux m'aller coucher...

Les voix aigrelettes et discordantes, le

piétinement cadencé des deux cents petits pieds chaussés de gros souliers, le nuage de poussière soulevé par le continuel mouvement, l'atmosphère lourde imprégnée d'odeurs âcres et écœurantes, donnaient un aspect presque repoussant à cette grande salle aux murailles nues peintes en vert d'eau, encadrées d'une bordure d'un vert plus foncé et meublée seulement d'un immense poêle de faïence et de longues rangées de pupitres adossés aux murs.

A mesure qu'approchait la fin de la récréation, le bruit devenait plus intense; les enfants hurlaient, se dédommageant d'avance avec une sorte de précipitation « goulue » du silence forcé qui allait suivre.

A ce moment, une religieuse entra, suivie d'une petite fille d'une douzaine d'années qui s'arrêta étonnée, examinant d'un œil curieux la salle grouillante et empoussiérée.

— Mes enfants, — dit la religieuse d'une

voix coupante, qui siffla dominant le bruit,
— un peu de silence, je vous prie!...

A l'instant, le chant cessa; toutes s'arrêtèrent court, finissant gauchement le bond commencé, donnant rapidement à leurs physionomies riantes une expression confite et réservée. Au brouhaha, un silence profond succédait. La religieuse, prenant la main de la petite fille, continua en s'adressant aux enfants qui attendaient immobiles et attentives :

— Je vous amène une nouvelle compagne, Antoinette de Champreu; j'espère qu'elle se plaira parmi vous.

Puis, poussant l'enfant vers le petit flot humain qui s'avançait à sa rencontre, elle appela la surveillante et se mit à lui parler bas.

Aussitôt, « la nouvelle » fut entourée, ballottée, tiraillée de tous les côtés en même temps, questionnée à la fois par toutes les voix.

— Nous allons vous mettre au courant!...

— Venez par ici !...

— Lâchez-la donc, Lucy Lefèvre, vous allez l'effaroucher !...

— Gardez vos observations pour vous, Blanche de Préault!... si je l'effarouche, elle est assez grande pour le dire !...

Le fait est que « la nouvelle » n'avait pas du tout l'air effarouché. Petite, solide, bien campée sur des jambes nerveuses, que découvrait la jupe très courte de sa petite robe de laine marron, elle restait debout au milieu de la salle, regardant avec une tranquille indifférence l'effet produit par son entrée.

C'était une enfant fraîche et vivace, mais pas jolie. Le nez long se dressait incorrect et bizarre dans le visage d'un ovale très allongé. La bouche trop grande, aux grosses lèvres rouges et humides, s'élargissait encore dans un sourire rempli de bonté. Les yeux, d'un vert pailleté de roux, aux paupières lourdes se fermant à demi, avec ce clignotement familier aux myopes, apparaissaient à travers une envolée de mèches d'un blond fade, échappée d'une crinière courte et embroussaillée.

Au milieu du front large et bas, voilé des mêmes mèches, se dessinait une grande ride creuse, qui le coupait verticalement, rejoignant la racine du nez et donnant au haut du visage une dureté en désaccord avec l'expression enfantine et tendre de la bouche. La peau ambrée, d'une finesse extrême, eût été charmante sous des cheveux sombres, mais elle paraissait presque noire sous ces cheveux presque blancs. L'oreille était petite, rose, bien roulée; les bras trop longs supportaient de grandes mains maladroites qui se présentaient au premier plan. Enfin, l'ensemble, étrangement heurté, offrait la réunion de toutes les disgrâces qui, à défaut de laideurs réelles, caractérisent l'âge ingrat.

Les questions pleuvaient toujours :

— Dans quelle classe allez-vous être?...

— Je ne sais pas...

— Quel âge avez-vous?...

— Treize ans...

— Alors, on va vous essayer en quatrième...

— Vous pourrez peut-être suivre?... êtes-vous avancée?...

— Où étiez-vous en pension?...

— Je n'étais pas en pension...

— Ah!... vous étiez chez vous, alors?... votre maman va vous manquer?...

— Je n'ai plus de maman!

— Et votre papa?

— Il est mort aussi!

— Ah!... chez qui habitiez-vous?...

— Chez mon oncle et ma tante... — répondit la petite.

Et, un peu agacée de l'interrogatoire qu'on lui imposait, elle reprit :

— Mais je ne veux pas vous empêcher de jouer !...

D'énergiques protestations s'élevèrent :

— Bah !... nous avons bien le temps de jouer !... pour une fois qu'on nous laisse tranquilles, il faut en profiter !... personne ne fait attention à nous !... madame Lazarès cause avec madame de Prémorel...

Antoinette demanda en regardant les deux religieuses :

— Laquelle est madame de Prémorel ?

— La petite... pourquoi ?

— Parce que je connais son frère, il vient à la maison...

Cette nouvelle parut amuser prodigieusement les élèves.

— Elle a un frère !... comment est-il ?...

— Pas jeune... pas joli non plus... il lui ressemble... — répondit Antoinette, ne se doutant pas de l'explosion de rires qu'elle allait provoquer.

— Prenez garde qu'elle ne vous entende!... elle est mauvaise comme la gale!... c'est la maîtresse de récréation de notre cour!...

— Ah!... et l'autre, celle qui m'a conduite ici?...

— Oh! celle-là, c'est madame Lazarès, la maîtresse générale!

— Est-ce qu'elle est méchante aussi?...

— Oh! oui!... savez-vous si vous allez être au grand ou au petit dortoir?...

— Mais je ne coucherai pas ici... je suis demi-pensionnaire, je partirai à sept heures...

— Quel bonheur! — s'écria un joli bébé tout rose et frisé comme un mouton, — vous verrez comme on s'amuse dans l'omnibus!...

Une grande fille de seize ans entrait, un carton de musique sous le bras; Antoinette s'élança joyeusement au-devant d'elle.

— Ah!... Claudie!...

— Tiens!... Bonjour Toinon!... te voilà

donc coffrée aussi, mon pauvre gamin!...
tu ne vas pas rire, va!... c'est pas drôle!...

— Ah!... — fit la petite décontenancée; et
voyant que la jeune fille se dirigeait vers la
sortie, elle demanda :

— Est-ce que vous vous en allez, Claudie?

— Mais oui!... je ne fais que traverser
pour aller à ma leçon de piano... je suis au
grand pensionnat!... je suis vieille, moi!...

Le son d'une cloche, suivi du bruit sec
d'un signal de bois en forme de livre, violemment fermé par madame de Prémorel,
suspendit brusquement les conversations et
le tapage cessa tout à coup faisant place à
un silence profond qui glaça Antoinette.
Deux des plus grandes élèves sortirent de
la salle et rentrèrent portant de longs
bancs de la largeur d'une planche ordinaire, qu'elles ajustèrent les uns au bout
des autres, de façon à former un carré ouvert à une des extrémités; puis, tenant des

1.

corbeilles pleines de sacs marqués au numéro de chaque pensionnaire, elles firent le tour des bancs, posant le sac à la place où chacune était venue se planter debout et raide, attendant passivement d'un air grognon ou ennuyé.

Une nouvelle religieuse, pâle, la physionomie douce et pensive, s'approcha de madame de Prémorel qui lui dit quelques mots ; puis, se plaçant à une petite table au milieu du carré de bancs, elle donna le signal ; toutes les élèves se mirent à genoux et récitèrent à haute voix une prière qu'Antoinette ne connaissait pas ; un nouveau signal les fit relever toutes ensemble d'un même mouvement ; elles s'assirent et déplièrent leur ouvrage. Restée debout, oubliée à l'extrémité d'un des bancs, derrière la religieuse, Antoinette demanda :

— Où faut-il me mettre... moi ?...

Sa voix grave résonna dans le silence ;

les enfants se regardèrent d'un air scandalisé et les plus osées murmurèrent :

— Pchtt!... Silence!... Plus bas!... Taisez-vous donc!...

Étonnée, la petite regardait sans comprendre de quel méfait elle venait de se rendre coupable. La religieuse se tourna vers elle, l'examinant de son grand œil triste et intelligent.

Mademoiselle Blanche de Préault se leva et crut devoir prendre la parole.

— C'est une nouvelle, madame... elle ne sait pas encore...

— Je le vois bien... asseyez-vous !

Et, s'adressant à Antoinette :

— Approchez, mon enfant !... vous êtes demi-pensionnaire ?...

— Oui, ma sœur...

Une agitation extraordinaire se produisit ; des rires étouffés coururent sur les bancs ; toutes les élèves se poussaient du coude en murmurant à voix basse :

— Oh!... elle a dit *ma sœur!*... elle appelle madame Béatrix *ma sœur!*... d'où sort-elle?

La petite fille entendit; elle rougit jusqu'aux cheveux.

— Je vois que j'ai fait une bêtise, — dit-elle à la religieuse qui la regardait attentivement, — mais je ne sais pas comment il faut vous appeler?... à toutes religieuses que je connais, on dit ma mère ou ma sœur...

Madame Béatrix sourit :

— On nous appelle madame... moi, je suis madame Béatrix, votre maîtresse de travail à l'aiguille... et vous, comment vous appelez-vous?

— Antoinette, mais on dit Toinon...

— Antoinette tout court?...

— Antoinette de Champreu...

— Oh! oh!... c'est un beau nom!... est-ce que vous êtes parente du grand Champreu?

— Oui, madame...

— A quel degré?... le savez-vous?

— Je sais que Champreu était le grand-père de papa...

— C'est très beau, cela!... et il faut bien étudier, devenir bien savante, pour être digne d'un grand-père aussi illustre... aimez-vous l'étude?

— Oh! non! — répondit l'enfant avec élan.

Madame Béatrix sourit de nouveau et demanda :

— Vous avez déjà travaillé à l'aiguille?...

— Oui, madame...

— Qu'est-ce que vous savez faire?

— Pas grand'chose!

— Eh bien, vous allez coudre ce petit bonnet pour un pauvre... pourrez-vous?...

— Je crois que oui...

— Vous allez vous asseoir... voyons... où cela?... tenez... entre Lucy Lefèvre... ici... et Louise de Monvel...

En s'installant à la place indiquée, Antoinette regardait ses voisines.

Lucy Lefèvre était une fille de quinze ans, assez régulièrement belle, avec un nez droit et un grand front étroit qui n'en finissait pas; les lèvres bien dessinées étaient minces et pâles; les narines serrées et immobiles; le cou très long, les mains élégantes. Louise de Monvel était au contraire une grosse joufflue fraîche et remuante, le nez en trompette et l'air insolent; toutes deux demi-pensionnaires comme Antoinette.

Bientôt Lucy se pencha un peu en arrière, s'arrangeant pour être masquée par sa nouvelle compagne, et, d'une voix étouffée et sourde, demanda sans remuer les lèvres :

— Qu'est-ce qu'il a donc fait, votre grand-père?...

Étonnée, Antoinette la regarda sans répondre.

Croyant qu'elle n'avait pas entendu, mademoiselle Lucy répéta sa question :

— Oui... *le grand Champreu*, comme dit madame... qu'est-ce qu'il a fait de si important?

— Vous verrez ça dans l'histoire!... — répondit Antoinette de sa voix naturelle, sans se gêner.

Cette fois, ce fut une stupeur. Lucy Lefèvre protesta contre cette tenue par un : — Dieu, est-il possible! — plein d'onction.

— Mon enfant, — dit doucement madame Béatrix, — il faut vous taire!... et voyant le mouvement d'Antoinette, elle demanda :

— Lucy vous a parlé, n'est-ce pas?... que vous a-t-elle dit?

— Elle m'a... rien, madame... rien... — répondit la petite, se sentant tirée par sa jupe en manière d'avertissement.

Madame Béatrix devint sévère :

— On ne doit jamais mentir!... même pour disculper une compagne... répondez?

— Eh bien, elle m'a demandé ce qu'avait fait Champreu... moi, j'ai dit qu'elle trouverait ça dans l'histoire... et voilà!...

— Mon enfant, il est défendu de parler ailleurs qu'aux récréations... faites-y attention ; si vous recommencez, vous serez punie...

Un instant plus tard, Louise de Monvel se pencha à son tour, ayant l'air de ramasser ses ciseaux et dit à Antoinette :

— Si vous avez un grand-père historique, moi, papa est préfet!...

— Ah!... — murmura poliment l'enfant, à qui ça était bien égal.

Alors Lucy, laissant aussi tomber un objet quelconque et se serrant contre Antoinette, lui glissa dans l'oreille :

— Moi, mon père est le plus grand notaire de Tourville!

La voix de madame Béatrix s'éleva :

— Louise de Monvel, Lucy Lefèvre et Antoinette de Champreu, je vous marque toutes trois pour avoir continué à parler malgré ma défense...

Et prenant sur la table un petit livre couvert d'une housse de laine noire, elle écrivit au crayon :

Antoinette se dressa brusquement :

— Je n'ai pas compris ce que vous me faites, — dit-elle avec colère, — mais c'est injuste tout de même !... je ne parle pas, moi !... on me parle tout le temps.. et ça m'embête à la fin !...

Madame Béatrix se leva indignée et, indiquant la porte :

— Mademoiselle de Champreu !... — sortez !...

Les élèves regardaient la nouvelle d'un air consterné ; jamais pareil incident ne s'était produit.

Antoinette sortit sans dire un mot. Dès qu'elle fut de l'autre côté de la porte, elle respira largement... Ouf!... c'était bon de ne plus être là-dedans!... on étouffait!... Oui, mais qu'allait-il résulter de tout ça?... c'était un mauvais début!... qu'est-ce qu'elle avait donc fait pour être mise à la porte? vraiment, il n'y avait pas là de quoi fouetter un chat?... où allait-elle aller, à présent?... on ne partait que le soir et il était trois heures!...

Regardant autour d'elle, l'enfant se vit dans un immense vestibule à colonnes de pierre; à ce vestibule, sorte de carrefour, aboutissaient quatre longs cloîtres à fenêtres ogivales; d'un côté, une grande porte de chêne, superbement sculptée, conduisait à la chapelle; en face, une baie vitrée ouvrait sur le jardin. Antoinette colla son nez aux carreaux fouettés par la pluie, aperçut les grandes pelouses et les vieux arbres du parc et, sans hésiter, s'élança dehors; là, elle se mit à courir le nez au vent, humant l'air, sautant dans les flaques profondes, tout heureuse de sentir son petit visage cinglé par l'averse, de voir le ciel et la verdure, d'échapper à l'odieuse contrainte qu'elle ressentait là-bas, dans cette grande salle, au milieu de ces enfants qui lui ressemblaient si peu. Et, à l'idée que demain, peut-être même ce soir, il lui faudrait reprendre sa place entre « la grande bringue dont le père » était notaire », et « la grosse sournoise » dont le père était préfet », elle fut prise d'une terreur folle, irraisonnée, d'un ardent besoin de liberté, et résolument elle pensa : « J'aime mieux m'en aller !... »

Alors, elle s'orienta, cherchant de quel côté était la Loire. Le couvent de Saint-Ignace est un ancien monastère restauré et modernisé par une congrégation très riche et très à la mode. Situé à une lieue de Tourville, planté au milieu d'un parc splendide, entouré de terres et de fermes appartenant aussi à la communauté, ce couvent est la coqueluche du monde élégant et à plus forte raison de l'autre monde. Dans le *pays*, on regarde comme mal élevée toute jeune fille qui ne sort pas des mains de « ces dames de Saint-Ignace ».

Bien souvent, avant d'être « coffrée », — comme disait Claudie de Gueldre, — Antoinette était passée devant Saint-Ignace en se promenant à pied ou à cheval avec Germain, le vieux cocher. Elle avait admiré ces grandes pelouses descendant jusqu'à la Loire; il lui semblait qu'il serait bon de galoper et surtout de se rouler sur ces beaux tapis d'un vert frais et velouté. Et, quand son oncle lui avait, avec mille circonlocutions, annoncé qu'on allait la mettre au couvent, elle s'était réjouie, pensant qu'elle s'amuserait avec d'autres enfants. C'est qu'elle était bien souvent seule, et elle avait tant besoin de jouer ! Elle aimait le jeu avec fureur, avec folie. Infatigable, forte, solide, pliée dès sa toute petite enfance à tous les exercices du corps, elle eût couru, nagé, monté à cheval, fait de la gymnastique ou des armes pendant vingt-quatre heures, sans avoir faim ni sommeil.

Et voilà qu'elle y était, à ce couvent tant désiré !... Quelle déception !... Ah ! Claudie avait raison !... ça n'était pas drôle !... Enfin, elle allait toujours filer, après elle verrait à s'arranger avec l'oncle et la tante...

Ayant découvert que la Loire était à droite, elle prit sa course tête baissée dans cette direction. La pluie redoublait. Tout à coup, Antoinette heurta violemment au détour d'une allée une religieuse qui venait à elle abritée sous un parapluie de coton rouge, traînant lourdement des sabots qui qui s'enfonçaient dans la terre détrempée.

Elle se jeta vivement de côté, elle avait reconnu madame Lazarès. La religieuse, qui revenait de la ferme, s'arrêta toute saisie et inquiète.

— Que vous est-il arrivé, mon enfant?... où couriez-vous ainsi?... comment êtes-vous sortie?...

Antoinette hésita, cherchant une explication quelconque; ne trouvant rien, elle répondit franchement :

— Ma foi, autant vous le dire, je m'en allais!...

— Vous vous en alliez?... où ça?...

— A la maison!...

Et, en deux mots, elle raconta ce qui s'était passé, avec netteté et précision, sans chercher à s'excuser.

— Voyez-vous, madame, — ajouta-t-elle en terminant, — ça n'ira jamais!... j'étoufferai, moi!... cette grande salle qui a l'air d'avoir des murs si épais me fait peur!...

et puis on parle tout le temps comme s'il y avait un malade... c'est d'un triste!...

La grande figure anguleuse et dure de madame Lazarès grimaça dans un bon rire, et elle dit à Antoinette en l'attirant près d'elle sous son parapluie :

— Voyons, ma chère petite, il faut être raisonnable... vous vous habituerez très facilement à tout ce qui vous surprend aujourd'hui...

L'enfant secoua sa crinière pâle, de laquelle s'envola une pluie de gouttelettes.

— Que non!... — dit-elle.

— Si, — reprit la religieuse d'une voix affectueuse et persuasive qui ne ressemblait en rien à la voix dure et sifflante du matin, — si!... je vais vous reconduire moi-même à madame Béatrix, elle vous pardonnera... elle est très bonne!...

— Elle en a l'air, — interrompit vivement Antoinette, — c'est pour ça que je n'ai pas résisté!... Ah! si ç'avait été celle dont le grand colonel de frère vient à la maison, ça n'aurait pas été tout seul, ma mise à la porte!...

— Pourquoi? — demanda madame Lazarès, dissimulant son envie de rire, — madame de Prémorel est excellente aussi...

Antoinette protesta :

— Excellente?... avec une bobine comme ça?... jamais de la vie !

La religieuse stupéfaite du langage et de la singulière nature de sa nouvelle élève à laquelle elle s'intéressait déjà, pensa que tout était à craindre avec un semblable sauvageon.

— Écoutez-moi, — dit-elle à l'enfant, qui s'occupait à creuser avec son pied un trou dans la boue grasse de l'allée — quand vous serez contrariée ou surprise par des articles d'un règlement nouveau pour vous... quand vous aurez besoin d'un conseil ou d'une petite consolation, vous viendrez me trouver !... je ne vous fais pas peur, moi ?...

— Oh ! pas du tout, madame !... je vois que c'est pas vrai... vous n'êtes pas méchante comme on me l'a dit !...

— Ah ! on vous a dit ?... qui vous a dit cela ?...

La petite rougit.

— Vous pensez bien que je ne vous le dirai pas !

Madame Lazarès reprit sa marche, abritant sous son parapluie Antoinette qui trottinait silencieusement, inquiète de sa « rentrée ».

Tout se passa bien ; madame Béatrix accueillit avec bonté la coupable, à l'installation de laquelle on procéda pendant la récréation du goûter.

Son pupitre lui fut désigné ; le dernier de la rangée de droite, à côté de la majestueuse Lucy. Puis elle assista à la classe de quatrième, mais sans être interrogée ce soir-là.

Lorsqu'à sept heures, Antoinette rentra dans sa famille, crottée jusqu'aux yeux, sa tante effarée crut qu'elle était tombée en descendant de l'omnibus qui ramenait les externes.

— Oh! non!... — dit l'enfant regardant son costume moucheté de boue, — c'est que j'ai... j'ai essayé le jardin...

Et comme son oncle lui demandait si elle était contente de sa première journée, elle déclara qu'elle s'assommerait à Saint-Ignace, passant toutefois prudemment sous silence l'incident qui avait marqué ses débuts au couvent.

Elle était contente de se retrouver *à la maison*... dans ce grand vieil hôtel de province, où pourtant elle n'avait guère de distractions.

Orpheline dès l'enfance, elle se souvenait

vaguement de son père, un beau grand garçon tapageur qui riait toujours quand il n'était pas en colère, mais qui se mettait en colère dès qu'il ne riait plus.

Il était mort, léguant Antoinette à sa sœur, ou plutôt à son beau-frère le marquis de Laubourg, alors ambassadeur à Stockholm. M. de Champreu exprimait le désir que l'enfant continuât jusqu'à la fin de son éducation à habiter à Tourville le vieil hôtel où elle était née ; il espérait que sa tante voudrait bien demeurer avec elle ; il savait que M. de Laubourg, écœuré de la politique, ne suivrait pas longtemps sa carrière, et que, dans tous les cas, sa femme ne l'accompagnait plus à l'étranger ; il avait dû renoncer à l'emmener ; ses allures bruyantes et vulgaires et son insupportable caractère lui attirant continuellement de graves ennuis.

C'est que Mélanie de Champreu, marquise

de Laubourg, était vraiment une singulière personne. Avec sa haute taille droite, restée, malgré ses quarante ans, mince comme celle d'une jeune fille, ses épaules trop tombantes, son cou trop long, ses yeux et ses cheveux trop noirs et ses lèvres trop minces, elle avait, quand on l'apercevait par hasard au repos, un aspect extraordinairement distingué ; dès qu'elle ouvrait la bouche elle se transfigurait. Elle parlait haut, d'une voix de tête stridente, qui devenait canaille à mesure qu'elle s'animait ; la marquise appartenait à la catégorie des « agitées ». Mari, domestiques, fournisseurs étaient, pour un oui ou pour un non, tancés dans un langage ridicule. Très intelligente, madame de Laubourg avait la conversation banale, émaillée de phrases toutes faites que M. Prud'homme n'eût pas reniées. Elle interrompait tout le monde et entrait en fureur si quelqu'un se permettait de parler en même temps qu'elle. Avec cela une tenue déplorable. Effroyablement coquette, n'admettant pas que tous les hommes ne fussent pas à ses pieds, et se vengeant cruellement des récalcitrants. Pendant les quelques années où son mari tenta de la traîner à sa suite, le personnel de l'ambassade fut incessamment renouvelé. Celui-ci était trop assidu, et M. de Laubourg trouvait prudent de le faire envoyer à un autre poste, — avec de l'avancement bien entendu ; — celui-là ne l'était pas assez au gré de la marquise, qui, froissée de son indifférence, intriguait jusqu'à ce qu'il fût déplacé. Bref, il avait fallu y renoncer. Une seule fois dans sa vie, le mari avait parlé haut, exigeant que sa femme retournât à Tourville, où habitait encore son frère et quelques membres de la famille de Champreu. Là, la marquise continua à mener une vie plus qu'excentrique, que la mort de son frère et la présence d'Antoinette ne modifièrent en rien. Depuis deux ans, M. de Laubourg avait définitivement abandonné sa carrière pour venir aussi se fixer à Tourville.

La fortune de sa nièce, dont il était le tuteur, nécessitait ses soins, et son beau-frère mourant l'avait ardemment supplié de ne pas laisser Antoinette, lorsqu'elle grandirait, sous la seule direction de sa tante. Il était temps que le marquis revînt! La petite fille abandonnée à elle-même poussait à la diable, comme elle pouvait; en la questionnant, il comprit que sa tante s'occupait d'elle pendant huit jours et restait ensuite, lorsqu'elle avait autre chose en tête, pendant des mois sans la regarder.

Tout de suite, l'oncle et la nièce devinrent bons amis.

Antoinette aimait très modérément sa tante Mélanie, dont le tapage et les grimaces l'agaçaient; et puis, sans qu'elle s'en rendît compte, elle soupçonnait vaguement — en dépit de sa profonde innocence — bien des choses qu'elle ne comprenait pas.

Elle était choquée, par exemple, de la façon dont madame de Laubourg parlait de son mari; cet homme sérieux et sévère qui ne venait à Tourville que deux ou trois fois par an, plaisait à l'enfant; elle lui trouvait l'air bon et se sentait entraînée vers lui malgré sa froideur.

Parfois aussi, elle surprenait les conversations de l'office. La marquise était exécrée des domestiques et, lorsqu'ils parlaient d'elle ils ne ménageaient pas leurs expressions. Bien que la bonne d'Antoinette défendît que devant elle « *on s'exprimât* sur madame la marquise », il arrivait souvent aux petites oreilles toujours ouvertes de l'enfant, des bribes de dialogue qui éveillaient sa curiosité.

— Taisez-vous! — disait la bonne, — elle

va entendre !... certainement, sa tante est une rosse !... mais il est inutile de le lui dire, à cette petite !...

— C'est vrai, — répondait le valet de chambre en riant, — elle s'en apercevra bien toute seule !...

Et le vieux Germain, le cocher, reprenait en secouant sa tête blanche :

— C'est drôle !... madame la marquise n'a rien du tout de la famille !... c'est à croire qu'elle a été changée en nourrice !

Il n'en était pas de même d'Antoinette. En l'étudiant attentivement, M. de Laubourg découvrait en elle les qualités et surtout les nombreux défauts de sa race. Indisciplinée, violente sous une apparence froide et insouciante, active par tempérament, mais paresseuse par réflexion, l'enfant merveilleusement douée pour apprendre, faisait tranquillement à son oncle des raisonnements qui le navraient.

— J'aurais bien tort de me fouler, — disait-elle, — en ne me donnant pas de peine, je suis tout de même à la tête du cours... ainsi !...

Ou encore :

— Oui... et puis, quand je saurai ça, on voudra me faire apprendre le reste!... j'aime mieux traîner un peu !...

Active, vaillante, pleine de bonne humeur et de gaieté, primesautière et drôlette, elle amusait le plus souvent le pauvre oncle, que pourtant elle effrayait de ses terribles colères; des colères qui la pâlissaient, marquant profondément la grande ride de son front et faisant apparaître aux coins de la bouche deux lignes creuses, sortes de fossettes allongées couleur d'ambre, marbrées de petites veines transparentes; des colères calmes, sans cris, sans larmes, étrangement silencieuses, contre lesquelles elle luttait de son mieux, les dents serrées et les lèvres tremblantes. Jamais ces colères ne naissaient sans motif; une injustice ou une parole blessante les provoquait. Elle aimait et haïssait avec une violence inquiétante; à ses idoles il ne fallait pas toucher. Adorant l'histoire, elle se passionnait pour un caractère et refusait formellement d'admettre que son héros pût être discuté. Elle resta huit jours sans parler à son oncle, à la suite d'une leçon où il avait voulu lui démontrer que le règne de Louis XI profita plus à la France que celui de Napoléon Ier.

Mais ce qui stupéfiait surtout l'ancien diplomate, habitué aux façons cérémonieuses et au français des cours étrangères, c'était les manières et le langage baroque de sa nièce. Cette enfant élevée au fond de la province, passant à peine deux mois d'hiver à Paris, était un vrai gamin parisien; elle en avait la crânerie, le geste drôle, les reparties, quelquefois même l'accent traînant et gouailleur. Elle faisait la roue, descendait l'escalier à cheval sur la rampe, faisait le bras de fer sur les coins du billard et le poirier au milieu, sans aucun souci des convenances, auxquelles le pauvre oncle essayait vainement de la rappeler. En voyant la consternation de l'excellent homme, Antoinette lui jurait de se tenir mieux à l'avenir, mais, étourdie et inconsciente, elle s'éloignait au moment même de sa promesse, dans une immense glissade qui se terminait par une danse folle.

La danse ! c'était encore une des passions de la petite fille. Plusieurs fois on l'avait menée à l'Opéra, où elle regardait le ballet la respiration haletante et l'œil extasié; puis avec une précision extrême, elle dansait le pas qu'elle avait vu danser et bien d'autres qu'elle devinait d'instinct; la gigue et le cancan arrivaient d'eux-mêmes dans ses petites jambes, et un jour où son oncle, la voyant se livrer à des exercices qu'il considérait comme devant être prohibés de l'éducation des jeunes filles, lui demandait tout saisi :

— Où as-tu donc appris à danser comme ça ?

Elle répondit :

— Nulle part!... c'est de naissance!... et c'était vrai.

La question religieuse amenait aussi de fréquentes discussions entre l'oncle et la nièce.

Certes, Antoinette aimait Dieu! mais elle l'aimait sans exaltation, sans développement de signes extérieurs, et plutôt comme un ami que comme un maître. Elle s'adressait avec confiance à lui dans tous ses chagrins et dans toutes ses joies, lui demandant son appui, lui exposant ses petites affaires, ou le remerciant avec effusion quand ses désirs étaient exaucés. Seulement elle priait à sa façon, employant les formules que lui dictait son cœur, et refusant de réciter les prières qui, disait-elle, « servaient à tout le monde ».

Sa tante, dont la galanterie commençait à se transformer en dévotion, la menaçait des foudres du ciel et des brûlures éternelles de l'enfer, mais la petite répondait en riant : « Que Dieu était trop grand pour ne pas être bon... et qu'elle était bien tranquille ! »

La marquise indignée, réclamait alors l'intervention de son mari, et Antoinette, grondée ou punie par sa tante et sermonnée par son oncle, prenait Dieu à témoin de ce qui lui arrivait :

« C'est à cause de vous, mon Dieu, pour-
» tant, tout ça !... mais je vous aime tout
» de même, allez ! parce que vous êtes
» bon... quoi qu'ils disent !... et miséricor-
» dieux !... et grand !... et tout !... n'est-ce
» pas, mon Dieu, que c'est vrai, et que je
» vous vois bien comme vous êtes ?... »

Dès que sa tante n'était plus là, elle venait vite conclure la paix avec l'oncle qui tout en se faisant prier pour la forme, était ravi d'embrasser le petit museau souriant que l'enfant tendait vers lui demandant :

— Vous n'êtes plus fâché, dites, oncle Mélanie ?...

Bien qu'il le lui défendit, elle s'entêtait à l'appeler l'*oncle Mélanie*, tant elle le trouvait fondu, anéanti dans la personne de sa femme. Elle le plaignait d'ailleurs sincèrement d'être le mari de cette femme dont la nature était antipathique à la sienne.

Antoinette redoutait la présence de sa tante, à laquelle cependant elle tenait tête vigoureusement. Les cris, les pleurs, les hurlements de madame de Laubourg l'horripilaient ; elle adorait la tranquillité. Les repas, souvent entremêlés de scènes grotesques, lui étaient particulièrement odieux. Elle écoutait avec stupeur les phrases étranges, faites de lieux communs et de vieux clichés, dont la marquise ponctuait ses sorties bruyantes. Que de fois l'enfant l'avait vue s'élancer hors de la salle à manger, en criant à son oncle ahuri, tandis que les domestiques l'accompagnaient de leurs rires silencieux et insolents :

« Je ne vous reverrai de ma vie !... je
» quitte cette maison pour n'y plus ren-
» trer !... »

Madame de Laubourg ne pardonnait pas à son mari de lui avoir, en l'épousant, enlevé le nom de Champreu. Elle lui en voulait aussi de n'être pas militaire : « Les militaires seuls sont des hommes ! » — disait-elle, en regardant avec mépris l'ancien ambassadeur.

Il était impossible, lorsqu'on rencontrait la marquise dans le monde auquel elle appartenait, de croire qu'elle y fût née ; vaniteuse comme une parvenue, elle parlait toujours de sa famille et de ses gloires. Elle était obsédée de la continuelle préoccupation de rappeler son titre et de la peur qu'on oubliât de le lui donner ; préoccupations habituellement inconnues des gens venus en ce monde dans une peau aristocratique, mais constantes chez ceux qui se sont tardivement glissés dans une peau d'occasion.

Antoinette eût mieux aimé recevoir le fouet qu'accompagner sa tante dans les magasins, où elle avait une peur bleue de ce qu'elle appelait « *le chant du départ* ». Souvent, lorsqu'une demoiselle de magasin ou un commis remettait l'objet acheté au garçon de courses en disant :

— Portez cela chez madame de Laubourg !

La marquise prête à sortir revenait vers le comptoir, rouge, les lèvres serrées, allongeant encore son grand cou maigre et disait de cette voix de crécelle, qui faisait grincer les dents à Antoinette :

— Je ne m'appelle pas madame de Laubourg, je m'appelle « madame *la marquise de Laubourg* », ne l'oubliez pas !...

Puis elle sortait d'un air de reine offensée, convaincue que ces petites gens la trouvaient sublime et ne se doutant guère que sa nièce la suivait en faisant des grimaces. Quelquefois cependant, elle éprouvait le besoin de faire partager son indignation à quelqu'un et, à défaut de mieux, elle s'adressait à l'enfant :

— Comprend-on ces boutiquiers ?... ne pas me donner mon titre !...

Et Antoinette énervée, répondait de sa grosse voix bourrue :

— Qu'est-ce que ça vous fait ?... puisqu'il est à vous, votre titre !... on n'a plus besoin de vous le donner !...

Alors, l'orage éclatait : madame de Laubourg invectivait sa nièce, lui reprochant d'avoir « tous les vices du grand Champreu !... » Comme lui, elle renierait un jour la noblesse !... Et la petite recevait des bordées d'injures avec la résignation paisible et l'indifférence apparente du cheval qui reçoit les coups du charretier. A la fin seulement, elle répondait avec son sourire et son accent de gavroche :

— Laissez-le donc tranquille, le grand Champreu !... s'il n'avait pas existé, il vous manquerait rudement, le pauvre bonhomme !... Hein ? ma tante ! quel sujet de conversation en moins !...

Au retour de ces promenades accidentées, Antoinette entrant dans le cabinet de l'oncle Mélanie, qui travaillait à un ouvrage sur *les Rapports diplomatiques de l'Europe au XIX<sup>e</sup> siècle*, lui criait en manière de bonjour :

— Là, vrai !... elle est pas amusante, ma tante !... et se sauvait sans attendre la petite réprimande que cette appréciation un peu cavalière devait forcément lui attirer.

A mesure qu'elle grandissait, elle devenait pus indépendante et plus enfant terrible, mais enfant terrible naïvement, sans méchanceté ni réflexion.

Déjà, à plusieurs reprises, madame de Laubourg avait parlé de la mettre au couvent :

— Peut-être, — disait-elle, — ces dames de Saint-Ignace pourraient venir à bout de ce *voyou d'Antoinette ?...* Mais le marquis résistait ; cette enfant était sa seule affection, son seul intérêt dans la vie : il éprouvait à l'idée de s'en séparer un très vif chagrin.

Une dernière étourderie d'Antoinette exaspéra sa tante.

Il y avait un grand dîner et à ce dîner beaucoup d'officiers, madame de Laubourg raffolant de l'uniforme, qu'en revanche le pauvre oncle Mélanie ne pouvait pas souffrir. Toutes ces couleurs hurlantes, ces rouges, ces bleus, ces galons d'argent, ces képis traînant partout, ces sabres posés debout dans les coins, qui tout à coup tombaient avec fracas le faisant sauter en l'air au milieu de son whist, l'agaçaient prodigieusement. Cet agacement, qu'il ne dissimulait pas assez à sa femme, avait peu d'instants avant l'arrivée des convives, provoqué une scène violente à laquelle Antoinette assistait.

Voyant chaque jour son oncle et sa tante aux prises, l'enfant avait fini par ne plus s'étonner de rien, supposant de la meilleure foi du monde que dans tous les ménages il en était ainsi.

Au dîner, la marquise fit comme d'habitude les « honneurs » de sa nièce ; le colonel de Prémorel, arrivé depuis peu à Tourville, voyait Antoinette pour la première fois ; la mine éveillée de la fillette dont il avait connu le père, lui plut ; il lui fit quelques questions auxquelles elle répondit sans timidité, mais de l'air sauvage et sérieux qui lui était habituel lorsqu'elle « se tenait ».

— Ce pauvre Champreu ! — dit tout à coup M. de Prémorel, — il me répétait sans cesse avant la naissance de cette enfant : « Quand tu seras colonel, tu prendras » mon fils dans ton régiment ! » Quel dommage que mademoiselle Antoinette ne soit pas un garçon !... j'aurais grand plaisir à l'avoir dans mon régiment et le nom de Champreu ne s'éteindrait pas !...

— C'est d'autant plus dommage qu'Antoinette ne soit pas un garçon, — s'écria aigrement la marquise, — qu'elle en a le caractère, les défauts, la voix et même le physique !...

M. de Laubourg allait répliquer ; la petite fille placée au bout de la table l'arrêta, indiquant par un mouvement d'épaules plus expressif que respectueux, à quel point les appréciations de sa tante la touchaient peu ; mais un neveu du marquis, Jacques de Gueldre, le frère de Claudie, sous-lieutenant dans le régiment du colonel de Prémorel, protesta en riant :

— Ne croyez pas ma tante, mon colonel !... elle est très gentille, *le dernier* des Champreu !

Et s'adressant à Antoinette :

— C'est vrai, va, mon pauvre Toinon !... je t'aime bien, moi !... si tu veux, quand tu seras grande, nous nous marierons !... tu es drôle comme tout !... on ne s'ennuie jamais avec toi !...

— Non, — dit la petite en riant, — je ne veux pas vous épouser, Jacques, parce que je vous aime bien aussi, moi !... et que ça me ferait de la peine de me disputer avec vous !...

— Mais nous ne nous disputerions pas !... jamais !...

Antoinette secoua sa petite tête ébouriffée :

— Que si !... quand on est marié, on se dispute tout le temps !... on ne fait que ça !...

Et enveloppant d'un regard l'oncle et la

tante qui se regardaient comme deux chiens de faïence, elle ajouta, suivant son idée :

— ... Quand il n'y a personne !...

Il y eut un silence suivi de quelques rires, et madame de Laubourg lança à l'enfant terrible un regard lourd de menaces.

A la suite de cet incident, le marquis — lassé des incessantes criailleries de sa femme, et espérant vaguement que le contact d'autres enfants assouplirait le caractère d'Antoinette, — s'était décidé à la mettre à Saint-Ignace.

II

— Alors, — reprit M. de Laubourg, regardant la mine déconfite d'Antoinette, — tu ne t'es pas amusée aujourd'hui ?

— Ah ! mais non !...

La marquise sortit du salon ; mise à l'aise par son absence, l'enfant continua :

— Voyez-vous, oncle Mélanie, je ne m'amusais déjà pas beaucoup ici... à cause de ma tante !.... mais là-bas, je m'ennuierai encore plus !... si je n'y retournais pas, dites ?

— Tu es folle !... je suis sûr que tu te plairas à Saint-Ignace... je parie que tu as déjà des amies ?

Au lieu de répondre, Antoinette demanda :

— Mon oncle, est-ce que vous connaissez le préfet ?

— Oui... pourquoi ça ?

— Parce que sa fille est ma voisine... pas au pupitre... au pupitre, c'en est une autre et puis le mur... non, c'est sur le banc qu'elle est ma voisine... un mauvais petit banc de rien du tout... que c'en est coupant !... et elle me parle tout le temps... et c'est moi qu'on marque !... vous pensez si c'est embêtant ?...

— Je ne comprends pas très bien ! — dit M. de Laubourg ahuri.

— Ça ne m'étonne pas !... c'est d'un compliqué, tout ça !...

Toute la nuit, Antoinette rêva du couvent. Elle se voyait seule, debout au milieu d'une ronde infernale dansée par les élèves de Saint-Ignace. Louise de Monvel lui apparaissait dans un uniforme de préfet, recouvert d'un grand tablier de lustrine noire. Lucy Lefèvre avait des lunettes d'or, une plume derrière l'oreille et, sous le bras, un gros portefeuille ventru d'où s'échappaient des paperasses poudreuses; elle sautait gravement, tout d'une pièce, sans bouger ses jambes et chantait avec les autres, mais sans remuer les lèvres, le couplet qui avait salué l'entrée d'Antoinette dans la grande salle :

> Sire Enguerrand, venant d'Espagne,
> Passant par là voulut se reposer... etc., etc.

Son cahier de musique à la main, la belle Claudie passait balançant sa grande taille onduleuse et répétant :

— Mon pauvre Toinon !... quand je te le disais, que ça n'était pas drôle !...

Et au fond du tableau madame Lazarès ornée de grandes ailes blanches, chaussée de gros sabots et tenant ouvert le parapluie rouge de la veille, s'enlevait dans l'espace et disparaissait par une des mille crevasses du plafond enfumé.

Le lendemain matin, quand Antoinette éveillée de force deux heures plus tôt que d'habitude, monta dans l'omnibus le cœur gros et les yeux bouffis, la postulante chargée de la surveillance lui dit d'un ton pincé :

— Vous vous êtes fait attendre deux minutes et demie... c'est beaucoup trop...

— C'est que ma chambre est au second, et...

— Eh bien, vous descendrez d'avance... on vous prendra toujours à six heures et demie précises... vous êtes la première...

— La première!... — pensa Antoinette toute triste, — j'ai vraiment pas de chance!... moi qui aime tant à dormir!...

Elle se tourna à demi sur la banquette, regardant les voitures des maraîchers et des laitiers qui entraient en ville, sonnant avec un bruit de vieilles ferrailles sur les pavés pointus.

La voix aigre de la surveillante s'éleva de nouveau :

— Il est défendu de regarder dans la rue... asseyez-vous convenablement !...

— Oui, madame...

— On ne m'appelle pas madame... je suis mademoiselle Pélagie...

Elle s'interrompit pour ouvrir précipitamment la portière à Louise de Monvel, qui traversait sans se presser la grande cour de la préfecture. Lucy Lefèvre arrivait aussi sortant de la maison voisine.

L'accueil différent fait à ses deux compagnes étonna fort Antoinette. A l'entrée de Louise, mademoiselle Pélagie se leva, saisit avec empressement le petit sac qu'elle portait, l'aida à gravir le marchepied raide et l'installa soigneusement en face d'elle sans s'occuper de Lucy, à laquelle elle referma presque la portière sur le nez. La jeune fille, les mains encombrées d'un sac plein de livres et d'un grand carton à dessin, essayait gauchement de monter; Antoinette alla au-devant d'elle et lui prit son carton.

— Restez à votre place, — dit sèchement mademoiselle Pélagie, — qu'est-ce que vous faites donc?...

— Dame!... je l'aide parce qu'elle est chargée!...

— Allez vous asseoir!... c'est inutile!...

— Inutile?... alors pourquoi aidez-vous l'autre qui ne porte rien?...

— Parce que, — répondit d'un air pointu Lucy, coupant la parole à mademoiselle Pélagie qui s'apprêtait à tancer Antoinette, — parce que « *l'autre* », comme vous dites, est la fille du préfet...

— Ah bah!... c'est pour ça!... — fit l'enfant abasourdie. Et heurtée dans ses petites idées inconsciemment égalitaires, elle toisa la surveillante en ajoutant narquoisement :

— Dommage que vous ne connaissiez pas ma tante !... vous vous entendriez joliment bien toutes les deux !...

— Je vous marque !... — s'écria mademoiselle Pélagie.

Et, tremblante de colère, elle tira de sa poche un petit livre couvert d'une housse noire luisante et crasseuse, sur lequel elle écrivit rageusement.

— Vous savez qu'elle va faire un rapport en arrivant ? — dit tout bas Lucy à Antoinette, indiquant de l'œil la surveillante.

— Eh bien mais je ne peux pas l'en empêcher ! — répondit paisiblement la petite fille.

L'omnibus se remplissait peu à peu.

Louise de Monvel se pencha et murmura à l'oreille d'Antoinette :

— Je suis désolée de ce qui vous arrive à cause de moi !... mais ça n'est pas ma faute !

L'enfant la regarda et répondit nettement :

— Si... tout de même !...

Décidément « *la fille du préfet* » ne lui plaisait pas !... Grâce à l'attitude de mademoiselle Pélagie, l'impression de la veille s'accentuait. En même temps Antoinette venait de prendre en grippe la surveillante et sa protégée.

Lucy Lefèvre, qui avait tiré de son sac un un livre, demanda :

— Vous n'apprenez pas vos leçons ?

— On ne m'a pas donné mes livres...

— C'est qu'on ne sait pas encore si vous serez de force à suivre la quatrième !... voulez-vous que je vous prête les miens ?

— Oui... merci...

Mais sa paresse naturelle reprenant le dessus, Antoinette ajouta :

— Au fait... puisqu'on ne m'a pas donné les livres... je n'ai pas besoin d'apprendre les leçons...

— Oh!... Vous serez grondée!...

— Alors, donnez!...

— Pendant que j'étudie la grammaire, — dit Lucy, — je vais vous prêter l'histoire de France... tenez... on a depuis « *cette alliance* », jusqu'à « *siècles futurs* ».

— Mot à mot?... — demanda Antoinette, parcourant rapidement les deux pages qui composaient la leçon.

— Non... à condition de dire très exactement le sens...

— Eh bien, je n'ai pas besoin d'apprendre... je sais ça!...

— Vous savez l'histoire de France?...

— Oui...

— Tout entière?...

— Mais oui...

Les élèves se regardèrent stupéfaites.

— Et la grammaire?— demanda Louise de Monvel, désireuse de trouver le point faible, — où en êtes-vous dans la grammaire?

— Je finis la syntaxe...

La stupeur augmenta.

— La syntaxe ?... vous !.. mais c'est en troisième qu'on l'apprend !...

— Eh bien, je l'apprendrai en troisième !... — dit sèchement Antoinette, agacée qu'on s'étonnât si fort qu'elle sût quelque chose.

Un ricanement lui répondit.

— En troisième !... en troisième !... à treize ans !... et haute comme une botte !... Ah ! la bonne farce !... mais Lucy, qui aura seize ans dans trois mois est en quatrième !... et moi aussi, qui ai quinze ans passés !... et Blanche de Préault, et Germaine Vautray... en troisième !... Ah !... vraiment !...

Antoinette rougit ; elle n'aimait pas les allusions à sa petite taille ; elle eût voulu être immense et le « haute comme une botte » de Louise, lui avait été au cœur.

— On me mettra où on voudra, — dit-elle brusquement — je m'en fiche un peu !...

moins je travaille, plus ça me va!... ainsi, j'aime autant être avec vous autres!...

— « Vous autres!... » vous êtes bien malhonnête, Antoinette de Champreu!... — dit Louise d'un ton scandalisé!

— Vous me trouvez malhonnête?... c'est drôle!... moi, je trouve que c'est vous qui l'êtes, avec vos étonnements à propos de tout!...

Et, les imitant, elle continua: « L'his-
» toire de France tout entière??? — Ah!!!
» — Et la syntaxe??? — Oh!!! — En troi-
» sième à treize ans??? — re oh!!! »

Très vexée, Louise de Monvel haussa les épaules en murmurant d'un air dégoûté et méprisant:

— Dieu!!! quel genre!...

Antoinette trouvait absolument ridicule et poseuse cette grosse fille vulgaire qui avait l'air d'un vilain garçon; elle se campa devant elle et s'inclinant respectueusement:

— Paraît qu' mossieu l' préfet aime les belles manières !...

Elle dit cela si drôlement, avec une intonation si cocasse, qu'un éclat de rire général s'éleva clair et bruyant. Louise était détestée mais redoutée aussi. On savait qu'elle faisait à volonté réprimander ou punir et, depuis longtemps, personne n'osait plus tenir tête à *la fille du préfet*. Et voilà que la petite nouvelle s'attaquait carrément à elle, exauçant ainsi le vœu de toutes. La jolie fillette frisée qui la veille s'était réjouie qu'Antoinette fût « de l'omnibus », s'écria, la regardant avec une naïve admiration :

— Mais vous n'avez donc peur de rien, vous ?...

Antoinette ne répondit pas. Peur ?... pourquoi, peur ?... de quoi aurait-elle eu peur ?

Elle se tourna de nouveau vers la glace

baissée derrière elle, et se mit à regarder le ciel superbement bleu où voyageaient de petits nuages moutonneux, aux contours mous et capricieux. Elle les trouvait charmants, ces petits nuages ! et à force de les suivre dans leur rapides changements de forme et de couleur, elle voyait s'y dessiner nettement mille choses.

Ce nuage, large à la base, arrondi au sommet, floconneux, doré par le soleil, ressemblait à un gros tas de neige qu'elle avait fait dans la cour l'hiver passé... celui-ci, rond comme une boule et délicatement déchiqueté, avait l'air d'une énorme houppe à poudre de riz... celui-là, d'un beau morceau de peluche blanche drapé sur un fond de velours bleu... et elle se pencha en arrière, se renversant peu à peu, sortant presque complètement sa tête de l'omnibus pour apercevoir le plus longtemps possible le coin bleu qui s'enfuyait.

Les leçons à apprendre, la défense de regarder dans la rue, tout était oublié, envolé, bien loin, tout là-haut dans les petits nuages.

— Mademoiselle de Champreu, — glapit la surveillante — je me plaindrai à ces dames de votre désobéissance!...

Antoinette ne bougea pas. La nuque appuyée sur la traverse de bois de la glace, le nez en l'air, les yeux au ciel, la bouche entr'ouverte, elle n'avait rien entendu. Il fallut que sa voisine la tirât par le bras pour l'arracher à sa contemplation. Elle se décida à rentrer sa tête et demanda :

— Qu'est-ce que c'est?

— C'est que je me plaindrai de vos désobéissances répétées, mademoiselle, — cria mademoiselle Pélagie; et, voyant l'air ahuri d'Antoinette, elle s'expliqua :

— Je vous ai déjà défendu de regarder les passants...

— Mais je ne les regardais pas, non plus!...

— Ah!... et que regardiez-vous, je vous prie ?

— Je regardais là... le petit bleu... qui se sauve !...

Et Antoinette indiqua du doigt le coin de ciel qui, filant entre les nuages, disparaissait derrière les toits.

Un sourire plissa les lèvres blanches de la surveillante et, sans daigner répondre, elle se remit à écrire sur le petit livre graisseux.

— Vous savez — dit tout bas Lucy à Antoinette — il ne faut pas leur en raconter de cette force-là !... ça ne prend pas !...

— Comment, de cette force-là ?... mais c'est vrai !... je regardais...

— « Le petit bleu »? — interrompit moqueusement Louise.

— Parfaitement !... et si j'avais regardé autre chose, pourquoi ne le dirais-je pas ?...

— Pour ne pas être grondée, donc !...
— Je ne mens jamais !...

Un sourire de pitié accueillit la réponse d'Antoinette et toutes les élèves la considérèrent curieusement.

— Elle ne mentait pas !... et ça l'amusait de regarder le ciel !... Quelle drôle de « nouvelle ! »

Lorsque les demi-pensionnaires arrivèrent à Saint-Ignace, l'étude était sonnée et madame de Prémorel, assise dans la chaire de bois sculpté, surveillait. Elle appela près d'elle Antoinette.

— Vous accompagnerez tout à l'heure les élèves de quatrième, mon enfant.... madame Marie-Magdeleine vous interrogera et jugera si vous pouvez suivre sa classe... si oui, on vous donnera ce matin vos livres à l'économat ; si non, vous assisterez ce soir à la classe de cinquième où vous serez interrogée de nouveau... Allez !...

Antoinette se dirigea vers son pupitre, préoccupée et vaguement inquiète du résultat de « l'interrogatoire ». Si elle allait mal répondre ?... se déconcerter ?... être envoyée en cinquième ?... c'est là que les autres se moqueraient d'elle !... et qu'elles auraient bien raison !...

La vue de madame Marie-Magdeleine la rassura un peu. Cette petite femme courte, aux yeux bruns tendres et francs, au sourire spirituel, aux joues roses, lui plut tout de suite.

La religieuse commença par interroger Lucy qui, d'une voix nasillarde, ânonna le « mot à mot » de la leçon ; pas de points, pas de repos, et de nombreux « *cuirs* » ! On sentait qu'elle ne comprenait pas un mot de ce qu'elle répétait, et madame Marie-Magdeleine l'écoutait avec une impatience visible.

— C'est certainement su, — dit-elle enfin, —

mais absolument incompréhensible... continuez, Blanche?...

Mademoiselle Blanche de Préault se leva et, reprenant précisément au mot où Lucy s'était arrêtée, récita avec une volubilité inouïe; en l'écoutant on avait envie de souffler... on souffrait presque.

— C'est bon!... à vous, Louise?

Louise de Monvel hésitante, toussa, fronça les sourcils, leva les yeux au plafond, et finalement ne trouva rien à dire. Impossible de s'illusionner, « la fille du préfet » ne savait pas le premier mot de la leçon.

— N'ayez donc pas l'air de chercher! — dit madame Marie-Magdeleine, — vous ne lisez même plus vos leçons!...

Louise, très rouge, voulait protester; elle reprit sévèrement :

— Taisez-vous!... je vous dis, moi, que cette leçon n'a pas été lue... je préviendrai madame Lazarès... Asseyez-vous!

Et se tournant vers Antoinette, elle demanda d'un air mécontent :

— Et vous ?... savez-vous votre leçon d'histoire ?

— Je... je crois que oui !... — balbutia la petite fille, dont le cœur se mit à battre terriblement.

— Eh bien, voyons ?... reprenez... la Convention... Eh bien, qu'attendez-vous ?...

— C'est que je ne sais pas le... le mot à mot... — murmura l'enfant d'une voix chevrotante.

— Mais !... — s'écria madame Marie-Magdeleine, s'emportant malgré elle, — mais qui vous le demande, « le mot à mot » ?... mais je n'en veux pas, du mot à mot !... c'est absurde !... je veux le sens, entendez-vous ?... le sens... avec d'autres phrases que celles du livre !... de cette façon seulement je puis m'assurer que vous comprenez ce que vous dites !... et je suis sûre que pas une ici ne comprend ce qu'elle dit!... pas une!... Allons!... savez-vous, oui ou non?...

— Je sais, madame... je sais...

Et Antoinette commença à raconter la Convention. D'abord tremblante, sa voix s'affermit peu à peu. Elle indiqua clairement les grandes lignes : ce que la Convention devait être, ce qu'elle fut, entraînée par le courant des événements. Elle racontait comme on parle, sans chanter, sans chercher ses mots et trouvant presque toujours l'expression juste et colorée. Le visage de madame Marie-Magdeleine était redevenu souriant; étonnée, intéressée, elle examinait attentivement sa nouvelle élève.

— C'est bien, très bien, — dit-elle doucement, — trop bien même, car vous venez de me réciter à peu près dix fois la valeur de la leçon d'aujourd'hui... vous aimez l'histoire?

— Je l'aime... je l'aime quand je la sais... parce que quand il faut l'apprendre...

— Que savez-vous en histoire?

— L'histoire ancienne, grecque, romaine, l'histoire de l'Europe... c'est tout...

— Vous ne savez pas l'histoire d'Angleterre?

— Je l'ai apprise en même temps que celle de l'Europe... mais on ne m'a pas fait faire séparément l'histoire des Anglais...

Elle prononça ce mot « *Anglais* » avec une intonation de voix si haineuse, que la religieuse étonnée demanda :

— Vous n'aimez pas les Anglais?

— Je les exècre!... — s'écria violemment la petite fille.

— Dieu défend d'exécrer le prochain, mon enfant...

Très persuadée que Dieu était trop juste pour défendre d'exécrer les Anglais, Antoinette secoua la tête ; madame Marie-Magdeleine reprit :

— Ne le saviez-vous pas?...

— Si... le prochain... mais pas les Anglais !...

Et de fait, pour elle, les Anglais n'étaient pas le prochain !... Ce n'étaient même pas des hommes ! Elle les haïssait d'instinct d'une haine brutale et profonde. Souvent son oncle, stupéfait de ses sorties, lui disait en riant :

— Tu parles comme un vieux grognard, petite !

Et madame de Laubourg, exaspérée, s'écriait :

— Cette enfant n'aime rien de ce qui est « distingué » !

Pour la marquise, le « chic » suprême s'incarnait dans les Anglais ; elle prenait leur raideur gourmée pour de l'élégance et leur insolence bouffie pour de la distinction ; lorsqu'ils étaient, — ce qu'ils sont le plus souvent, — grossiers et ivrognes, elle les trouvait tout à fait « grands seigneurs ». Quand, au moment des courses de Tourville, elle parvenait à attirer à l'hôtel Champreu quelque « captain » de passage, elle exultait ; et, si on lui avait raconté que le dit « captain » empochait tout prosaïquement cinq louis pour prix de sa monte, elle eût crié bien haut à la calomnie.

Madame Marie-Magdeleine continua :

— Dieu ne veut pas d'exception... vous craignez Dieu, n'est-ce pas ?..

— Non, — dit nettement Antoinette — je suis sûre qu'il est bon... pourquoi le craindrais-je ?...

D'abord effarée, la religieuse comprenant la pensée de l'enfant reprit :

— Mais vous l'aimez ?

— Oui, parbleu !... je l'aime !

— On ne dit pas « parbleu ! »... Par qui avez-vous été élevée ?

— Par mon oncle...

Jamais, sans y être forcée, Antoinette ne parlait de madame de Laubourg.

— Monsieur votre oncle est militaire, sans doute ?

— Non, madame, il est ambassadeur...

Et voyant la surprise de madame Marie-Magdeleine, elle ajouta vivement :

— Mais nous n'avons pas les mêmes idées... Oh ! mais, pas du tout !...

La religieuse se mit à rire.

— Vous avez, vous, des idées beaucoup trop arrêtées pour votre âge, mon enfant... il faudra modifier tout cela... il y a des choses que vous « exécrez » !... d'autres que vous aimez trop !...

— Le bleu, par exemple ! — marmotta entre ses dents Louise de Monvel : et, prenant sa revanche du « Paraît qu'mossieu l'préfet aime les belles manières ? » elle ricana : « Paraît qu'mademoiselle aime le petit bleu !... »

La petite fille comprit que ce mot « *bleu* » devait avoir une signification ignorée d'elle, et profitant de l'inattention de la religieuse qui continuait à faire réciter les élèves, elle demanda en se rasseyant :

— Le bleu ?... qu'est-ce que c'est que ça, le bleu ?...

Lucy Lefèvre répondit dédaigneusement :
— Le bleu, c'est des bêtises !...

— Mais quelles bêtises ?... — insista Antoinette.

— Eh bien, les champs, le ciel, les fleurs, la poésie, les petits oiseaux... enfin le bleu, quoi !...

Antoinette ne comprit pas pourquoi on lui parlait de bleu à propos de la Convention et des Anglais, mais elle comprit qu'aimer le « bleu », — et elle l'aimait si c'était le ciel, les fleurs et les oiseaux, — était aux yeux de ses nouvelles compagnes le comble du ridicule. Froissée, humiliée, elle se promit d'enfouir tout au fond de son petit cœur sincère cette affection défendue.

— Ah! ici, il ne faut pas aimer le bleu! — pensa-t-elle, — eh bien, on verra!

Quand la classe quitta la salle, madame Marie-Magdeleine dit doucement à Antoinette:

— Restez, mon enfant, je veux vous parler!...

Les élèves regardèrent la nouvelle d'un air pincé et Louise murmura :

— Des préférences!... déjà!...

Ce ne fut qu'au moment où la cloche annonçait le dîner qu'Antoinette reparut. Elle s'aperçut qu'on l'examinait avec une malveillance curieuse. On ne lui adressa aucune question pendant le repas; plusieurs religieuses se promenant lentement le long des tables, forçaient les enfants à observer un silence absolu; mais au jardin, dès le commencement de la récréation, elle fut assaillie de questions et de réflexions désagréables.

— Vous voilà déjà le « *chouchou* » de madame Marie-Madgeleine!...

— Qu'est-ce qu'elle vous a dit, votre protectrice?...

— Vous devez être fière, car elle n'est pas aimable d'ordinaire!...

Pour la seconde fois, Louise de Monvel répéta d'un ton sentencieux :

— Paraît que ça sert à quelque chose d'aimer le bleu?

Les petites oreilles d'Antoinette devinrent toutes rouges ; elle se retourna brusquement.

— Ah! mais!... vous allez finir de me répéter ça !...

— Mais enfin, — demanda Lucy, voulant détourner la querelle qu'elle prévoyait, — qu'est-ce qu'on a bien pu vous faire pendant tout ce temps-là?...

— On m'a fait passer un examen... je ne reste pas dans la classe...

Les visages devinrent plus désagréables encore et le « pointu » des sourires s'accentua.

— Ah! tous mes compliments!

Enfin, si vous croyez pouvoir suivre la classe au-dessus... c'est votre affaire...

— Vous savez, on croit quelquefois ça... comme ça... et puis après... quand il faut redescendre, c'est bien plus ennuyeux...

— Sans compter que quand on est à la queue de la classe, on n'a aucune chance pour les prix...

— Ne soyez pas si contente, allez!... vous aurez une maîtresse bien assommante!... c'est la plus assommante de toutes, celle de troisième!...

— Mais, — dit Antoinette, quand elle put placer un mot, — je ne vais pas en troisième...

Les physionomies s'éclairèrent.

— Ah!... on vous fait descendre en cinquième!... je me disais aussi... ce n'est pas une raison parce qu'on a l'air de savoir l'histoire...

— Ne vous réjouissez pas tant, — répondit Antoinette en riant, — je la sais mieux que vous, l'histoire... car c'est en première qu'on me met...

Ce fut une stupeur.

— En première !.. la nouvelle en première !... avant quatorze ans !...

Et Louise de Monvel s'approchant d'Antoinette en fit plusieurs fois le tour d'un air ahuri en disant :

— En première !!! un phénomène, alors ?...

Les petites oreilles rougirent plus fort et l'enfant répondit d'une voix que la colère commençait à faire trembler :

— Je serai en première jusqu'à quinze ans à peu près !... après, je serai en classe supérieure... Eh bien, je n'aurai tout fini qu'à seize ans... comme tout le monde !... vous, vous ne finirez qu'à vingt ans !... c'est vous qui êtes les phénomènes !...

Louise vint se planter devant Antoinette

qu'elle dépassait de la tête et la toisant :

— Qu'est-ce que dit mademoiselle Petit Bleu ?...

Cette fois, l'enfant devint pâle; les deux petites lignes creuses se dessinèrent au coin de la bouche.

— Prenez garde!... — dit-elle.

Le son s'étranglait dans son gosier contracté. Ravie, Louise continua :

— Que je prenne garde?... à quoi?...

Comme Antoinette ne répondait pas, elle se pencha, lui soufflant au visage :

— A quoi, Petit Bleu?...

— A ça!...

Et la main de la nouvelle vint se plaquer avec un grand bruit sur la joue de Louise.

A Saint-Ignace, couvent de bon ton avant tout, il était sévèrement interdit de se battre. Les élèves se souvenaient à peine d'avoir vu des débutantes, peu habituées au règlement, allonger une gifle lorsqu'on les brimait avec trop de persistance; mais jamais, au grand jamais, personne n'avait osé porter la main sur la « fille du préfet »; aussi le saisissement fut à son comble.

Louise, effarée, stupéfiée de ce manque de respect inattendu, un peu abrutie aussi par la vigueur de la calotte reçue, resta un instant immobile, stupide et comme assommée; mais au moment où Antoinette, qui regrettait déjà son emportement, demandait gentiment pardon, elle lui lança un coup de pied et, l'atteignant à la hanche, la fit tomber. L'enfant roula dans le sable en boule, molle et souple comme un petit chat, au milieu des rires, puis se relevant lestement, elle fondit sur Louise.

Ce fut une vraie lutte; d'abord, les élèves s'avancèrent pour secourir la nouvelle; elles savaient Louise très capable d'abuser brutalement de sa force, mais elles se rendirent vite compte de l'inutilité de leur intervention.

Louise, qui aimait à tordre les bras aux petites pour affirmer sa supériorité, était pour l'instant « rossée » d'importance.

Antoinette tout à fait lancée, se battait froidement, solidement, tapant à grands coups de poing lourds, et évitant avec une agilité de singe les crocs-en-jambe de son adversaire. Un petit cercle s'était formé autour des deux enfants; toutes regardaient très intéressées, ravies au fond que Louise de Monvel reçût enfin la « raclée » méritée tant de fois, et elles se gardaient bien d'appeler.

Madame de Prémorel, très occupée à faire installer le jeu de quilles à l'extrémité de l'allée, ne se doutait pas de ce qui se passait; mais à la fin Louise affolée, hurlante, se mit à crier :

— Au secours!... elle me tue!...

Et les élèves, voyant que son appel avait été entendu, crièrent aussi, pour ne pas paraître complices :

— Madame !... madame !... venez vite !

Si elle venait vite, madame de Prémorel ?... Ah ! oui !... En apercevant sa préférée bousculée d'une si étrange façon, elle accourait à petits pas pressés et ridicules; son voile qui se dressait au vent et sa pèlerine voltigeante la faisaient ressembler à une grande chauve-souris. Sans doute, elle arrivait vite, mais quand elle fut sur le terrain même de la lutte, la sage prudence qui guidait ses moindres actions lui conseilla de n'y pas prendre part. Certes, il était bien pénible, bien affreux de voir battre ainsi cette chère petite Louise, mais on ne pouvait intervenir sans risquer de recevoir quelque mauvais coup... et dame... cela valait la peine d'y réfléchir !...

Pendant qu'elle réfléchissait, Antoinette,

profitant d'une maladresse de Louise, lui posa les mains sur les épaules et la forçant à plier les jarrets l'envoya d'un petit coup de genou dans l'estomac rouler dans le sable à son tour.

— Bravo!... bravo!... — crièrent une ou deux des plus hardies, sans prendre garde aux mines indignées de madame de Prémorel, qui s'empressait auprès de la fille du préfet.

La conscience tranquille, convaincue qu'elle avait eu raison, Antoinette rajustait son grand col anglais qui avait tourné dans la bataille, et elle se disposait à aller jouer aux quilles, quand la religieuse exaspérée l'arrêta.

— Mademoiselle de Champreu, votre conduite est épouvantable!...

La petite ne répondit pas.

— Épouvantable et lâche! — continua madame de Prémorel.

Antoinette regimba.

— Lâche ?... Ah ! non ! quant à ça !... Elle a deux ans de plus que moi et je lui arrive au coude !...

— Mais vous êtes beaucoup plus forte qu'elle !...

— Alors, c'est qu'elle n'est pas comme elle doit être !... je n'y peux rien !...

Sans s'occuper de Louise, qu'époussetait avec amour madame de Prémorel, les élèves entraînèrent Antoinette ; un revirement se produisait en sa faveur.

Les unes lui étaient reconnaissantes d'avoir administré cette pile à une camarade vaniteuse et « en dessous », qu'elles détestaient sans oser le dire tout haut ; les autres, plus indifférentes, lui savaient simplement gré de la crânerie avec laquelle elle s'était attaquée à « *la chérie de ces dames* » ; toutes admiraient la force physique de cette petite fille, grosse comme rien du tout.

Sa façon de « calotter » les quilles acheva de lui gagner les cœurs ; on se disputa à qui l'aurait dans son camp, et on finit par la tirer au sort. A la fin de la récréation, Antoinette très entourée trônait au milieu d'un groupe et personne ne parlait à Louise, qui soigneusement recoiffée et brossée était revenue se mêler aux jeux.

Très fine, la jeune fille sentit tout de suite que la nouvelle allait devenir populaire à ses dépens ; elle s'approcha, l'air bon enfant, la main tendue :

— Oublions ce qui s'est passé et soyons amies, voulez-vous ? — demanda-t-elle.

Naïve, absolument inhabile à deviner « le pourquoi » des choses, Antoinette s'élança joyeusement, toute souriante, mais des larmes dans les yeux, chagrine d'avoir battu cette grande sotte qui lui tendait la main sans rancune ; car, il fallait bien l'avouer, elle l'avait battue comme plâtre et elle le regrettait profondément. Ce fut donc de bon cœur qu'elle répondit à la poignée de main molle et plongeante de Louise, une poignée de main qui manquait absolument de sincérité.

Moins simple qu'Antoinette, Lucy Lefèvre ne fut pas dupe de cette comédie de raccommodement ; elle regarda Louise de travers et lui dit en riant méchamment :

— C'est ça, soyez amies !... vous avez raison, allez !... c'est plus prudent !...

Décidément, c'en était fait du prestige de « *la fille du préfet* » !

Se tournant ensuite vers Antoinette, Lucy reprit :

— C'est égal, à la première occasion, elle vous repincera !... faut que vous soyiez rudement gobeuse, vous !

Quand, le soir, M. de Laubourg demanda à sa nièce dans quelle classe elle était définitivement placée, Antoinette répondit d'un air qu'elle s'efforçait de rendre indifférent :

— Je suis en première...

— Hein?... — fit la marquise, qui crut avoir mal entendu.

Antoinette regarda sa tante, répétant très haut :

— En première... oui, parfaitement !... c'était pas la peine de toujours me crier dessus... de dire que je ne savais rien... que je ne travaillais pas... oui... je suis en première... avec des grandes... il y en a qui ont dix-huit ans!...

— Alors, — demanda madame de Laubourg inquiète, s'adressant à son mari, — alors, elle ne sera plus au couvent l'année prochaine ?...

Antoinette éclata de rire :

— Rassurez-vous, ma bonne tante !... il y a encore une classe après... une classe qui remplace pour nous la philosophie... « la classe supérieure... » Oh! ne cherchez pas!... vous ne la connaissez pas!...

Et voyant la marquise se lever brusquement, elle ajouta pour pallier l'impertinence de sa réponse :

— Elle n'existait pas de votre temps!...

Sans s'inquiéter des vibrations prolongées de la porte que sa femme refermait violemment, le pauvre oncle se retourna vers Antoinette :

— C'est bien, mon petit Toinon !... je suis satisfait de toi... c'est très beau d'être en première à ton âge !...

Antoinette se redressa.

— C'est pas encore tout !... J'ai fait mieux que ça !...

— Ah !... quoi donc?

— Je me suis battue !...

— Ah ! — murmura le marquis désappointé, — et c'est là ce que tu appelles « faire mieux » ?

— Avec une de seize ans, que je me suis battue, — continua l'enfant rayonnante, —

avec une grande... très grande et grosse aussi!... et je lui ai flanqué une pile!... Ah! mais une pile numéro un... si vous l'aviez vue, oncle Mélanie! — faut vous dire que c'est elle qui avait commencé! — et elle hurlait!... ce que j'étais contente!... bien plus contente que d'être en première, allez!...

— Décidément, tu ne seras jamais raisonnable...

— Mais si... c'est raisonnable de se battre!... ainsi, tenez!... hier, on n'avait pas l'air de raffoler de moi, à Saint-Ignace... je veux parler des élèves... parce que les dames, ce que ça m'est égal!...

— Ah!...

— Oui,... ce matin encore, quand elles ont su que je passais en première, elles ont fait un nez, les élèves!... et elles se fichaient de moi... elles me mécanisaient!... enfin, elles m'ont tellement embêtée... une surtout... qui me disait des choses...

— Quelles choses ?...

— Que j'aimais le bleu... parce que ce matin, j'ai regardé un petit coin de ciel, dans l'omnibus... alors, il paraît que j'aime le bleu !...

— Eh bien, mais il n'y a pas là de quoi te fâcher !...

— Vous trouvez ?... dites donc, est-ce que vous l'aimez aussi, vous, le bleu, oncle Mélanie ?...

Le marquis devint sérieux :

— Oui, — dit-il, — j'aime le bleu... qui ne me le rend guère,... l'ingrat !...

— Il paraît que c'est bête d'aimer le bleu ?

— Je commence à le croire... un peu tard...

— Ben, il est possible que ça soit bête d'aimer ça, mais je ne veux pas qu'on me le dise...

— Cependant...

— Non... je ne veux pas!... après, elle m'a appelée « phénomène »... et puis encore autrement...

— Comment t'a-t-elle appelée?...

— *Petit Bleu!*... enfin des noms, quoi!

— Petit Bleu?...

— Oui... toujours l'histoire de l'omnibus!... je lui ai sauté dessus... et alors... vous comprenez, oncle Mélanie?

— Je crains de comprendre...

— Oui, c'est bien ça!... et après, vous ne savez pas ce qui est arrivé?...

— Je m'en doute!... tu as été punie?...

— Pas du tout!... au contraire! toutes ces demoiselles se sont mises à m'aimer et elles ont lâché l'autre!... Ah! ça n'a pas traîné... vous voyez!...

— Qu'est-ce que je vois?...

— Ben, que j'avais raison d'être contente de la bataille plutôt que de la classe... ça m'a mise bien avec tout le monde, la bataille!...

— D'où tu conclus?...

— Que la force est beaucoup plus utile que l'instruction, oncle Mélanie... Oh! je sais bien que nous n'avons pas les mêmes idées là-dessus...

— Effectivement... et tu ferais mieux de ne pas parler de choses auxquelles tu ne comprends rien encore...

— Pourtant, aujourd'hui, j'ai fait « le travail de l'expérience », comme vous dites...

— Enfin, t'habitueras-tu vite à ton couvent? — interrompit M. de Laubourg jugeant qu'il valait mieux ne pas insister.

— Oh!... mon Dieu!... tout de même!... et puis, deux ans... ça passe !...

III

Très facilement Antoinette s'habitua au couvent. Elle eut bien de temps en temps de grosses colères et de petites révoltes, mais « ça finissait toujours par s'arranger » — comme elle disait, — grâce à l'intervention et aux conseils de madame Lazarès, qui aimait tendrement sa petite élève. A certaines habitudes, à certains règlements, Antoinette opposait une résistance désespérée.

Jamais, par exemple, elle ne voulut se conformer à l'usage qui prescrivait aux élèves de mettre au-dessous de leurs numéros, sur les objets leur appartenant, ces quatre lettres : *A. M. D. G.* Déjà l'idée de remplacer son nom par un numéro lui déplaisait fort, mais elle avait consciencieusement marqué ses petites affaires d'un gros *93* maladroitement brodé. Ce numéro, réclamé par elle, n'avait jamais été donné ; les élèves n'en voulaient pas. Lorsqu'on apprit à Antoinette qu'elle entrait *437*ᵉ et devait par conséquent marquer « son matériel » au numéro *437*, elle insista vivement pour avoir le *93* qu'elle savait vacant. L'économe, qui avait une vague idée des méfaits du grand Champreu, demanda avec effroi :

— Pourquoi donc voulez-vous cet affreux numéro ?... Est-ce que vous êtes révolutionnaire comme votre aïeul ?...

— Oh !... moi, vous savez... j'en veux pas autrement à la Révolution !... mais c'est pas pour ça que je prends le numéro...

— Pourquoi donc, alors ?...

— Parce que ça ne fait que deux chiffres à marquer au lieu de trois... voilà !...

Un peu rassurée, l'économe voulut expliquer comment les lettres *A. M. D. G.* devaient être placées.

— Il y a encore quelque chose !... — s'écria Antoinette dont la paresse se révoltait, — pourquoi *A. M. D. G.* ?... qu'est-ce que ça veut dire ?

— Ça veut dire : *Ad Majorem Dei Gloriam*...

— Ben, je mettrai seulement *D. G.; Dei Gloriam*... ça reviendra au même et c'est plus court...

— Non... vous devez mettre *A. M. D. G.*

— Mais pourquoi ?

— Parce que c'est la devise de la Compagnie de Jésus...

— Qu'est-ce que ça me fait ?.. je ne suis pas jésuite... pourquoi est-ce que je leur prendrais leur devise, à ces gens ?

— Parce que c'est l'usage de la maison...

Antoinette s'entêta.

— Je veux voir madame Lazarès !.. je ne marquerai rien sans avoir vu madame Lazarès !...

Et elle fit tant et si bien qu'on la conduisit à la maîtresse générale... qui lui donna gain de cause.

— C'est un usage, — dit en riant l'excellente femme, — mais ce n'est pas une obligation.

Un jour où Antoinette rentrait du couvent, elle entendit en montant l'escalier sa tante crier plus fort encore que d'habitude; elle s'arrêta à la porte de la bibliothèque, n'osant pas y entrer.

— Laissez-moi, — disait M. de Laubourg, — faites tout ce que vous voudrez, allez où vous voudrez, mais laissez-moi !...

Il sembla à Antoinette que la voix de son oncle n'était pas aussi calme qu'à l'ordinaire. Cent fois elle avait assisté à des

scènes plus violentes que celle-ci et jamais
elle ne s'était senti ainsi le cœur serré.

— Je suis malade, — continua le marquis, — très malade... ces perpétuelles discussions me font beaucoup de mal... vous le savez, et on croirait que vous prenez plaisir à m'achever ?...

Appuyée contre la porte, Antoinette restait tout effarée. — Malade, l'oncle Mélanie ?... et elle ne savait pas ?... depuis quand donc était-il malade ?... est-ce qu'il pouvait mourir, mon Dieu ?... elle comprenait seulement à quel point elle l'aimait !... et elle le laisserait tourmenter, martyriser, « achever » ?... Ah ! mais non !...

Comme une trombe, elle s'élança dans la bibliothèque.

Très pâle, les lèvres agitées d'un petit mouvement nerveux, le marquis se tenait debout contre la grande cheminée sculptée. A la vue de l'enfant, son visage contracté s'éclaira.

Antoinette courut à lui, puis se retournant vers sa tante la bouche souriante et le regard mauvais, elle dit :

— Il y a un officier au salon!...

— J'y vais! — répondit madame de Laubourg sortant précipitamment.

Antoinette fondit en larmes.

— Qu'est-ce que tu as? — demanda le marquis très surpris de voir pleurer l'enfant qui ne pleurait jamais.

— C'est mal, oncle Mélanie, de ne pas me l'avoir dit!... pourquoi ne me l'avez-vous pas dit?...

— Quoi?...

— Que vous étiez malade!... Oh!... j'ai bien entendu!... et elle vous fait du mal!... elle vous en fait toujours!... comme à tout le monde, d'ailleurs!...

— Antoinette!...

— Vous n'allez pas me dire qu'elle est bonne, n'est-ce pas?... vous savez bien que non !

Puis, réfléchissant un instant :

— Je ne veux plus m'en aller à Saint-Ignace, moi !... je veux rester avec vous pour vous défendre, pour vous soigner...

— Mais c'est impossible !... tu sais bien que ta tante ne...

— Eh !... je m'en fiche un peu, de ma tante !... je la déteste !... et vous, je vous adore !... surtout depuis maintenant !... dites-moi que vous voulez bien que je reste ?... dites-le vite... avant qu'elle revienne ?...

— Qu'elle revienne ?... mais puisqu'il y a une visite...

Antoinette se mit à rire :

— Un officier ?... Ah ! ouiche !... pas plus que dans mon œil, d'officier !... j'ai dit ça pour la faire démarrer...

— Tu as eu tort !... c'est mal et ta tante sera mécontente...

— Voilà qui m'est égal, par exemple !... n'est-ce pas, vous me garderez, oncle Mélanie?... avec vous... toujours?... — j'ai quatorze ans et demi — sans que ça paraisse!... je vous servirai de secrétaire... je copierai tant que vous voudrez « *les Rapports diplomatiques de l'Europe au XIX<sup>e</sup> siècle* », bien que ça soit rudement embêtant à copier!... et puis nous ferons de belles promenades dans la forêt... voulez-vous, dites?...

Le marquis sourit:

— De belles promenades?... mais regarde-moi donc, mon pauvre Toinon!... voyons, ne pleure pas!... ce n'est pas un malheur de mourir!... il faut bien que ça arrive un jour ou l'autre... et c'est le repos... qui sait?... c'est peut-être même le bleu?... ce bleu que tu aimes... que nous aimons!... l'aimes-tu toujours, le petit bleu?...

— Je n'aime plus rien!... rien que vous!... — dit l'enfant qui sanglotait, — mais enfin, qu'est-ce que vous avez, oncle Mélanie?... quelle maladie?...

— Qu'est-ce que ça te fait?...

— Si, si... dites?... je veux savoir quelle maladie?...

— Une hypertrophie du cœur... là!... es-tu contente?... tiens, voilà la cloche du dîner!... allons, descends, mon petit Toinon... et sois sage!... tu comprends ce que je veux dire?...

— Et vous, oncle Mélanie?... vous ne descendez pas?...

— Moi, je n'ai pas faim!... va!... tu reviendras après le dîner?...

Madame de Laubourg était à table; elle s'adressa à l'enfant qui s'asseyait sans dire un mot.

— Vous m'aviez annoncé qu'il y avait quelqu'un au salon?...

— Oui, ma tante...

— Il n'y avait personne!...

— Alors, je me suis trompée, probablement...

— C'est singulier!...

— . . . . . . . . . . . .
— Où est votre oncle ?...
— Il ne descend pas pour dîner...
— Pourquoi ?...
— Parce qu'il est malade...
— Malade ?... vraiment ?...

Antoinette baissait la tête, examinant attentivement le fond de son assiette ; elle n'osait plus regarder la marquise. Elle avait envie de saisir la lourde carafe pleine d'eau placée à portée de sa main et de l'envoyer sur le nez de sa tante ; en cet instant elle eût voulu la tuer. Après le dîner, elle remonta en courant à la bibliothèque, madame de Laubourg la suivit.

Plus pâle encore qu'auparavant, respirant de plus en plus péniblement, le marquis voulut se lever du bureau où il écrivait, mais il retomba sur son fauteuil.

— Petite, — dit-il à Antoinette, — sonne Germain, je veux l'envoyer porter tout de suite cette lettre et cette dépêche...

— Je vais les lui remettre, — proposa madame de Laubourg, s'emparant des papiers posés sur le bureau.

Antoinette s'élança brusquement en même temps que sa tante :

— Donnez!... je vais vous éviter cette peine?...

— Laissez donc ! — dit aigrement la marquise.

L'enfant se retira, mais elle avait vu ce qu'elle voulait voir, et quand elle surprit le regard anxieux dont le marquis suivait les dépêches qu'emportait sa femme, elle lui passa les bras autour du cou, murmurant à son oreille :

— Soyez tranquille, oncle Mélanie... ça sera fait...

— Mon ami, — dit madame de Laubourg qui rentrait, — vous feriez bien de gagner votre chambre?...

— Non... avec ces étouffements, je ne peux

pas me coucher... je serai mieux ici... cette pièce est très grande, j'y ai plus d'air que dans ma chambre...

— Mais c'est absurde !... vous serez infiniment mieux chez vous !

Le marquis reprit froidement :

— Je préfère rester ici... je serai plus tranquille !...

Antoinette comprit que son oncle voulait échapper aux scènes assurées par le voisinage de sa femme, dont la chambre communiquait avec la sienne ; mais la marquise ne l'entendait pas ainsi :

— Alors, je serai obligée de venir vous veiller dans cette bibliothèque ?...

— Je vous remercie, mais je n'ai nul besoin d'être veillé !...

— Cependant, vous avez ce soir la respiration un peu oppressée...

— Un peu, en effet ! — murmura ironiquement M. de Laubourg qui suffoquait, — mais je veux être seul... j'attends le curé de la cathédrale à qui je veux parler... sans témoins... si toutefois cela est possible !

La marquise se récria :

— Le curé ?... mais vous êtes fou !... on croirait, ma parole, que vous allez mourir !

M. de Laubourg ne répondit rien. Antoinette, accroupie au coin d'un divan, pleurait silencieusement.

— D'ailleurs, — reprit la marquise, — il est occupé à son mois de Marie, il ne viendra pas ce soir, le curé !

— Il viendra dès qu'il aura lu la lettre que je viens de lui écrire... et maintenant je voudrais me reposer un peu...

— Allez vous coucher, Antoinette, — dit madame de Laubourg

L'enfant s'approcha de son oncle et lui tendit son front. Le marquis la saisit dans ses bras, l'embrassa longuement, tendrement, et s'adressant à sa femme :

—Veuillez me laisser aussi, je vous prie !...

S'installant près de la lampe et dépliant sa tapisserie, madame de Laubourg répliqua :

— Si vous êtes réellement souffrant, ma place est auprès de vous...

Antoinette s'enferma dans sa chambre, écrivit rapidement une lettre et descendit à la cuisine.

Les domestiques dînaient; ils se levèrent respectueusement.

— Germain, — demanda-t-elle, — tu m'aimes bien, n'est-ce pas ?...

— Ah ! vous le savez de reste, mademoiselle Antoinette !... d'abord, y a pas que moi !... tout le monde vous aime, ici !...

Et il ajouta entre ses dents :

— Un si crâne petit gosse !...

— Alors, dites-moi ?... Madame la marquise vous a-t-elle remis, à toi, Germain, ou aux autres, une lettre à porter au curé de la cathédrale et une dépêche adressée au général de Laubourg?...

— Nous n'avons rien vu, mademoiselle, ni moi ni personne!...

— J'en étais sûre!... Écoute, Germain, mon oncle est très malade... très malade, tu m'entends?...

— Voilà déjà du temps que M. le marquis n'est pas bien, mademoiselle...

— Il veut voir son frère... j'ai lu la dépêche qui l'appelait... tu vas prendre le train de neuf heures... tu seras à Saumur à minuit... tu entreras n'importe comment chez le général, tu lui donneras cette lettre et tu ne reviendras pas sans lui... A présent, il faut aller vite, vite me chercher une voiture... j'irai seule chez le curé... si ma tante s'apercevait qu'il manque deux de ses domestiques, elle...

Le maître d'hôtel protesta :

— Comment *ses* domestiques?... mais,

nous sommes tous à mademoiselle... comme les chevaux, comme l'hôtel, comme tout!... tout ce qui est ici appartient à mademoiselle, et si...

Il s'interrompit brusquement; du haut de l'escalier de service, la marquise demandait :

— Mademoiselle est-elle couchée?...

— Dites que oui!... — fit Antoinette se blotissant dans un coin.

Cinq minutes plus tard, cahotée dans un de ces fiacres cocasses, loqueteux, en forme de gondole, tels qu'on en voit encore dans quelques villes de province, Antoinette roulait vers la cathédrale. L'office venait de finir quand elle y arriva. Elle traversa en courant la grande nef et rejoignit dans la sacristie le curé qui enlevait son surplis.

Le curé de la cathédrale avait baptisé Antoinette et lui avait fait faire sa première communion. Souvent il s'était alarmé de l'indépendance des allures et même des croyances de l'enfant, mais tout en redoutant les écarts de son imagination trop vive, il avait su deviner et comprendre l'exquise délicatesse de ce petit cœur honnête et chaud.

— Monsieur le curé, — dit Antoinette, — il faut venir avec moi, vite, vite !...

Très étonné de voir la petite fille toute seule, le curé demanda :

— Est-ce que madame votre tante ne vous a pas accompagnée?

— Eh! il ne s'agit pas de ma tante!...

— Ah! tant mieux!... — fit le brave homme en accrochant son surplis, — je craignais qu'il ne lui fût arrivé quelque chose!...

— Si c'était seulement vrai! — pensa Antoinette; et, un peu impatientée, elle reprit :

— Non!... c'est mon oncle qui est malade, bien malade!... et il vous veut... il vous veut tout de suite, monsieur le curé!...

Indiquant du regard le suisse et les enfants de chœur qui tournaillaient dans la sacristie, elle ajouta:

— Je voudrais bien vous parler à vous tout seul, monsieur le curé...

Le curé prit son chapeau et ouvrant une petite porte fit entrer l'enfant dans le jardin du presbytère.

— Monsieur le curé, — dit-elle toute tremblante, — mon oncle va mourir...

Et comme le prêtre voulait protester:

— Si!... il va mourir!... je l'ai bien vu... je le sens bien, allez!... ce soir, il vous a écrit...

— Mais je n'ai rien reçu!...

— Je le sais bien!... ma tante a gardé la lettre... elle ne veut pas que vous veniez, elle!... c'est pour ça que je suis ici!...

— Je cours... je...

— Il faut ramener le docteur Chardin !...
à cette heure-ci nous le trouverons au cercle... moi toute seule, il m'aurait envoyée au diable !... il n'est pas commode, le docteur !... mais vous, il vous écoutera, monsieur le curé !...

Quand le docteur descendit dans le petit salon du cercle où Antoinette et le curé l'attendaient anxieux, son premier mouvement fut comme toujours parfaitement bourru et désagréable ; mais en voyant le visage affreusement bouleversé de l'enfant la mauvaise humeur tomba :

— Allons !... allons !... est-ce que ce serait sérieux ?... cette gamine de Toinon ne s'inquiète pas pour des riens... elle a beaucoup de tête !... et, ma foi, je commence à n'être pas rassuré !...

Et, oubliant sa canne (ce qui ne lui était jamais arrivé), le docteur Chardin s'engouffra brusquement dans le fiacre.

Là, Antoinette au désespoir raconta tout ce qu'elle savait : les scènes continuelles, la discussion qui avait déterminé cette dernière crise, la suppression de la lettre et de la dépêche.

— Il faut prévenir le général, — dit le docteur.

Et comme l'enfant lui expliquait que c'était chose faite, il s'écria, la regardant affectueusement :

— Quand je le disais, qu'elle a de la tête, la petite mâtine !... Allons !... ne pleurniche pas comme ça !... on te le guérira, ton oncle !... sois tranquille, je ferai tout ce que je pourrai pour ça !... je l'aime aussi, va, mon vieux camarade !... et je le sauverai... par égoïsme... pour conserver un brave ami...

Antoinette secoua la tête.

— Je vous en prie, — supplia-t-elle, — amenez une sœur de l'Espérance pour le garder !... il ne faut pas qu'il soit un instant seul avec ma tante !... elle crie !... elle le tourmente... — oh! la méchante femme!... que je l'exècre! tenez, monsieur le curé, si le bon Dieu voulait seulement lui faire le quart du mal que je lui souhaite, elle aurait son affaire !... et je ne lui demanderais plus jamais rien, au bon Dieu !... je le laisserais bien tranquille, allez !...

— Eh bien ?... eh bien ?... est-ce qu'on dit de ces choses-là ?... — murmura le pauvre prêtre tout effaré.

Un peu avant d'arriver à l'hôtel Champreu, Antoinette fit arrêter le fiacre :

— J'ai la clef du jardin, — dit-elle, — nous allons entrer tout doucement, et je parie que vous entendrez crier ma tante qui ne se méfie pas !...

L'enfant ne se trompait pas. La voix perçante de la marquise, traversant la porte de la bibliothèque, arriva jusqu'à eux.

— Le curé ne viendra certainement pas ce soir... mais je vais envoyer chercher le docteur Chardin, il faut savoir ce que vous avez...

Antoinette entr'ouvrit doucement la porte.

— Laissez ce pauvre Chardin faire son whist en paix, — répondait M. de Laubourg d'une voix affaiblie et haletante, — je n'ai pas besoin de le déranger pour savoir ce que j'ai... Non !... c'est le curé que j'aurais voulu voir... mais vous avez raison, il ne viendra plus ce soir !...

Antoinette ouvrit la porte toute grande.

— Ah !... enfin !... — s'écria joyeusement le marquis.

A l'entrée du prêtre et du médecin, madame de Laubourg s'était levée stupéfaite, mais en voyant Antoinette qui se dissimulait dans un coin, elle comprit.

— Eh bien ?... c'est tout ce que tu me dis, à moi ?... — fit le docteur, cherchant à cacher l'émotion que lui causait le changement du malade, — tu es vraiment bien gentil !... voyons, ça ne va donc pas, mon pauvre vieux ?...

— Comment donc as-tu su que « ça n'allait pas » ? — demanda le marquis.

Le docteur prit Antoinette par l'oreille.

— Je l'ai su par ce chiffon-là !... tiens, embrasse-la !... elle est souvent joliment insupportable, ta nièce, mais c'est une bonne petite fille... et qui t'aime solidement... j'en réponds...

M. de Laubourg attira à lui l'enfant :

— Moi aussi, je t'aime, Toinon !... quand tu penseras à ton vieil oncle, dis-toi bien que tu as été sa seule joie, son seul bonheur, son seul petit coin bleu !...

Le docteur intervint.

— Eh !... pas d'attendrissements intempestifs, que diable !... voyons ?... tu ne peux pas rester sur ce mauvais fauteuil, nous allons te bien installer sur le divan... avec des coussins... et puis après ça, tu causeras avec M. le curé... puisque tu y tiens !...

Quand le médecin et la marquise passèrent dans le salon, laissant seuls le malade et le prêtre, madame de Laubourg demanda :

— Eh bien, docteur ?

— Eh bien, madame, c'est la fin !... c'est l'affaire de quelques heures et d'horribles souffrances...

La marquise se mit à pleurer.

— Mais je ne savais pas... je ne pouvais pas croire...

— Il y a plus de deux ans que je vous ai avertie cependant !... quand Laubourg est revenu de Suède, la maladie existait déjà... je vous ai dit alors qu'il fallait éviter à votre mari toute fatigue, toute émotion, toute contrariété même...

Et d'un ton sec, le docteur ajouta :

— Avez-vous suivi mes prescriptions?...
Le curé traversa le salon.

— Je vais revenir l'administrer et ramener une sœur, — dit-il à voix basse.

Madame de Laubourg pleurait toujours; elle demanda :

— Y a-t-il quelque chose à faire pour le soulager?...

— Ne vous inquiétez pas de ça, madame, c'est moi qui vais rester près de lui jusqu'à l'arrivée de la sœur que le curé ramènera... je veux assurer le calme de ses derniers moments...

La marquise se sentit battue; elle lança à Antoinette un regard haineux.

A cinq heures du matin, le général de Laubourg arriva juste à temps pour embrasser le mourant.

Lorsque tout fut fini, il prit les mains d'Antoinette qui, pâle, les yeux secs, regardait sans voir ce qui se passait autour d'elle.

— Ma chère petite, — dit-il profondément ému et reconnaissant, — c'est à vous que je dois le bonheur d'avoir revu mon frère...

La marquise appela sa nièce.

— Allez vous coucher, Antoinette, vous avez besoin de repos...

Mais l'enfant résista :

— Je veux rester avec mon oncle !...

Et, s'approchant du divan, regardant affectueusement la belle figure reposée du mort, elle murmura avec un attendrissement doux et comique :

— Pauvre oncle Mélanie !... c'est pourtant la première fois qu'il est tranquille !...

Elle dit cela si douloureusement et si drôlement à la fois que le docteur Chardin ne put rester sérieux. Furieuse, la marquise perdit toute mesure ; elle saisit Antoinette par le bras et la serrant rudement :

— Vous n'êtes pas ici à votre place !...

La petite se dégagea d'une secousse ; ce

qu'avait dit la veille le maître d'hôtel lui revint soudain à l'esprit, et elle répondit :

— Je suis partout à ma place dans une maison qui est à moi !...

Et, comme sa tante exaspérée marchait sur elle la main levée, elle recula en disant :

— Oh ! pas ici !... voyons !... pas ici ! — jusqu'à la porte qu'elle ouvrit.

Madame de Laubourg, rouge, hérissée, la suivit sur le palier, bégayant de colère :

— Rentrez dans votre chambre... rentrez ! je vous l'ordonne... si vous n'obéissez pas à l'instant... je vous jette dans l'escalier !...

Antoinette haussa dédaigneusement les épaules.

— Ah ! — fit-elle, — je voudrais voir ça !...

Et, comme sa tante se ruait sur elle, elle devint toute blanche, serra ses petits poings et attendit.

Le vieux Germain s'élança.

7.

— Que madame la marquise la touche pas !... c'est qu'elle n'en ferait ni une ni deux, mademoiselle Antoinette !... elle enverrait madame la marquise par-dessus la rampe comme rien du tout !... elle est bien Champreu pour la force, mademoiselle Antoinette !... pour le caractère aussi du reste !... on dirait absolument son pauvre papa !...

Le général de Laubourg prit le bras de sa belle-sœur et l'entraîna.

Antoinette se retourna vers le docteur :

— Je ne peux plus rester ici, à présent !... qu'est-ce qu'on va faire de moi ?...

— Mais, ma pauvre enfant, c'est ta tante qui va être ta tutrice... au moins pour commencer...

— C'est impossible !... je ne peux pas rester avec elle !... j'ai peur !... Oh !... j'ai si peur, si vous saviez !...

Ses yeux se dilataient étrangement. Le docteur voulut la calmer.

— Peur ?... mais, Antoinette, je ne te reconnais plus !... un Champreu qui a peur !... allons donc !... ça ne s'est jamais vu !...

— Il n'y a pas de Champreu qui tienne !... j'ai peur, je vous dis !... ne me quittez pas, docteur !... je vous en supplie, ne partez pas !... ou emmenez-moi !...

— Mais il faut absolument que j'aille voir mes malades !... je reviendrai tantôt... je te le promets... en attendant, va prier auprès de ton oncle, va petite !...

Quand Antoinette rentra dans la bibliothèque, la sœur qui mettait de l'ordre dans la pièce lui dit :

— Si vous restiez un instant, mademoiselle, j'irais demander aux domestiques différentes choses dont j'ai besoin...

— Allez, ma sœur... je reste...

Elle s'approcha du divan et regarda longuement son oncle. Elle espérait presque qu'il allait ouvrir les yeux, lui sourire, lui parler... Elle se souvenait des bonnes heures passées près de lui, dans cette grande bibliothèque où il vivait entre ses livres et ses travaux. Elle apercevait sur le bureau les pages inachevées des *Rapports diplomatiques de l'Europe au XIX<sup>e</sup> siècle*. La vue de cette belle écriture haute et droite la fit pleurer de nouveau. Pauvre oncle Mélanie!... Que de fois elle s'était moquée de ce qu'elle appelait son « grand ouvrage »!... Que de fois, le voyant fâché, elle était grimpée sur ses genoux, lui jurant de ne plus « mécaniser » « *les Rapports diplomatiques de l'Europe au XIX<sup>e</sup> siècle* »; elle ne le lâchait que quand il avait ri et pardonné... Et elle ne s'était pas doutée qu'il fût malade!... il se savait perdu et ne le lui avait jamais dit pour ne pas l'attrister!... Si, la veille, elle ne s'était pas arrêtée en entendant crier sa tante, elle n'aurait rien su!... il serait mort sans

prêtre, sans médecin, sans revoir son frère!...
il serait mort tourmenté jusqu'au dernier
souffle!.. Et sa haine pour la marquise, un
instant oubliée, se ranima tout à coup...
elle se mit à genoux, appelant violemment
Dieu à son aide, criant d'une voix que la
colère enrouait :

— Mon Dieu!... mon Dieu!... mais tuez-
la donc!...

Dans sa pensée affolée, sa tante était un
monstre. Les scènes, les criailleries, les vul-
garités et les bassesses de la singulière femme
prenaient à ses yeux de fantastiques pro-
portions. Tout le mal que la marquise avait
fait par la force même de sa nature insupportable, devenait un mal volontaire et cal-
culé; en même temps que la haine, l'effroi
grandissait; et, tremblante à l'idée qu'il lui
faudrait vivre à côté de cette femme, à
l'idée que tout à l'heure elle allait entrer
là... elle prit le parti de s'enfuir. Au moment

de sortir, elle s'arrêta prise d'un scrupule.

— Pouvait-elle laisser ainsi tout seul l'oncle Mélanie ?... mais oui !... il n'avait plus besoin de rien ni de personne !... il ne pouvait plus souffrir, lui !...

Revenant à pas de loup embrasser le marquis, elle murmura :

— Quelle veine vous avez d'être mort, oncle Mélanie !...

Puis elle se glissa hors de la bibliothèque, descendit en courant l'escalier, traversa le jardin en se faufilant à travers les massifs pour n'être pas vue et s'élança dans la rue.

Il était midi. Antoinette rencontra peu de monde et gagna les faubourgs sans être remarquée. Là, elle enfila sans s'arrêter la route de Saumur. Où allait-elle ?... Elle n'en savait rien !... elle allait, chassée par une irrésistible peur, sans se demander quel était le but de cette course insensée.

Il pleuvait : trempée, grelottante, elle eut

un instant la pensée d'aller demander asile au docteur Chardin ; il était bon, malgré ses brutalités, et il avait été l'ami de son père ! mais non ! on la cherchait peut-être déjà ?... si elle rentrait en ville, elle serait reconnue, reconduite à l'hôtel Champreu !... tout, plutôt que cela !... alors, elle songea à Saint-Ignace... Son tuteur l'avait confiée aux religieuses, les religieuses lui devaient leur protection. Antoinette parcourait si souvent à cheval les environs de Tourville, qu'elle connaissait très bien le pays. En coupant par la plaine, il lui fallait à peine deux heures pour arriver au couvent. Elle se remit en route, traversant les champs, les prairies et les labourés ; elle ne courait plus, se sentant les jambes molles et la tête vide. Le trajet lui parut éternel et lorsqu'enfin elle arriva à la grille de Saint-Ignace, reprise soudain de la peur d'être ramenée à sa tante, elle n'osa pas sonner. Le jour baissait ; elle se dit qu'elle ne pouvait pourtant pas coucher sur la route et cherchant un moyen d'entrer dans le parc, elle longea les grands murs qui entouraient la propriété; arrivée à l'extrémité, près de la petite porte qui conduisait à la ferme, elle s'arrêta surprise et presque joyeuse, la porte était entr'ouverte !... Elle monta la grande avenue de platanes.

La pluie tombait toujours serrée et froide. Antoinette transie, sa petite jupe collée aux jambes, avançait péniblement. A la fatigue, se joignaient d'horribles douleurs de tête; il lui semblait qu'on lui fendait la nuque à coups de hache. Elle s'assit adossée à un platane et releva ses cheveux qui plaquaient ruisselants sur ses yeux. Sa vue se troublait et elle crut que tous les grands arbres s'inclinaient vers elle ; ses forces l'abandonnaient tout à fait.

Comme elle n'avait jamais été malade, cette souffrance la terrifia ; elle se coucha à terre, se demandant si c'était comme cela qu'on mourait et si elle allait mourir là, tout de suite ?

Puis se voyant les bottines déchirées, la robe en lambeaux, couchée dans la boue liquide de l'allée, sa nature moqueuse reprit une dernière fois le dessus et elle murmura narquoisement :

— Ferait-elle un nez, ma tante, si elle voyait le dernier des Champreu dans cette fichue position ?...

Elle s'affaiblissait peu à peu, ne distinguant plus nettement les objets qui l'entouraient, mais des souvenirs se pressaient dans sa pauvre petite tête meurtrie, s'y reflétant avec une incroyable précision de détails. Elle revoyait l'oncle Mélanie l'amenant au parloir le jour de son entrée à Saint-Ignace.... et la bataille avec Louise de Monvel !... et les scènes de l'omnibus !... Elle se rappelait aussi que madame Lazarès l'avait ramenée quand elle se sauvait dans cette même avenue où elle était aujourd'hui... il pleuvait comme aujourd'hui... et elle avait ses sabots et son parapluie rouge, madame Lazarès !...

Tout à coup, Antoinette vit au-dessus de sa tête s'agiter le parapluie rouge, et la grande figure anguleuse et ridée de la maîtresse générale se pencha vers elle, demandant comme le jour de la première rencontre :

— Antoinette !... ma petite Antoinette !... mais qu'est-ce que vous faites là?...

La vue de ce visage ami rendit un peu de courage à l'enfant ; elle essaya de se soulever, de répondre, mais elle retomba en murmurant, la voix étranglée et les yeux fous :

— Me cacher !... ma tante !... — elle me cherche !...

Madame Lazarès s'était relevée et appelait au secours. Antoinette vit le jardinier accourir; elle se sentit enlever de terre, il lui sembla qu'on l'emportait et qu'elle avait moins froid; mais la secousse de la marche augmentait les douleurs de tête, malgré les précautions du brave homme qui répétait tout bouleversé :

— Ce pauvre petit 93!... qu'est-ce qui a bien pu lui arriver ?...

Le jardinier ne savait pas le nom d'Antoinette, mais il connaissait bien son numéro. Que de fois il avait retrouvé dans le jardin le chapeau, le tablier, les gants ou les livres qu'elle y oubliait!

L'enfant, continuellement distraite, semait partout ses petites affaires et dès que le jardinier ramassait un objet perdu, il se disait :

— Je parie que c'est encore au petit 93, ça!...

Rarement il se trompait, et à la récréation suivante, il voyait accourir Antoinette rouge et ébouriffée, demandant tout inquiète :

— Ambroise, vous n'avez pas trouvé quelque chose, dites?

— Quelque chose qu'est marqué 93, mademoiselle?...

— Oui, Ambroise!... oui... merci!... je perds tout!...

Et elle se sauvait en riant. Quand le jardinier suivi de madame Lazarès traversa le préau, portant dans ses bras l'enfant toute ruisselante, les élèves se rendaient au réfectoire. La maîtresse générale dit quelques mots à la religieuse qui les accompagnait, et Antoinette les yeux fermés, les oreilles bourdonnantes, entendit un murmure courir dans les rangs :

— Ah! mon Dieu!.. c'est le Petit Bleu!...

— Qu'est-ce qu'il lui est arrivé?...

— Tiens!... c'est vrai!... on ne l'a pas vue aujourd'hui !...

— Elle est tombée dans l'étang!...

— Mais non!...

— Mais si!... vous ne voyez pas l'eau qui coule?...

— Le Petit Bleu est noyé !...

Ce fut le dernier mot qu'entendit Antoinette; ses tempes battirent plus fort, son gosier se desséchà, ses dents se serrèrent, sa tête roula plus inerte encore et elle s'évanouit.

Elle reprit connaissance au milieu d'un bruissement de voix, parmi lesquelles elle reconnut la grosse voix bourrue du docteur Chardin qui disait :

— Parbleu!... c'est une méningite!... à quelle heure l'avez-vous ramassée?...

— Hier, à sept heures du soir!... — répondait madame Lazarès, — je revenais de la ferme; j'ai presque marché sur elle... elle était couchée en travers de l'avenue, les yeux grands ouverts... elle n'appelait pas... elle ne se plaignait pas du tout...

— L'affolement que lui a causé la mort

de ce pauvre Laubourg, la peur qu'elle a eue de rester seule avec son aimable tante, cette course sous la pluie... tout ça a déterminé la méningite... elle a dû marcher pendant sept heures... il était midi quand elle a disparu.

Après un silence, le docteur ajouta furieux :

— Oh ! sa rosse de tante !... si je la tenais !...

Et, se retournant vers les religieuses :

— Je vous demande pardon, madame la supérieure... je suis si en colère que je m'oublie, voyez-vous !...

Antoinette ne bougeait pas. Au milieu de ses atroces souffrances, elle éprouvait un immense bien-être ; elle se rassurait ; elle sentait qu'elle était entourée d'amis qui ne la rendraient pas à sa tante !... elle allait pouvoir mourir paisiblement, sans entendre l'odieuse voix de crécelle de la marquise, sans voir s'agiter son long cou et ses longues mains chargées de bagues!... et elle restait sans bouger, confiante et tranquille.

— Pauvre petite!... — continua le docteur, — quand je pense qu'hier matin, elle me suppliait de ne pas partir, de ne pas l'abandonner... et je ne l'ai pas écoutée!... Du diable si je m'attendais à une aventure pareille!...

Il ajouta brusquement pour dissimuler son chagrin :

— Mais avec ces satanées femmes, on devrait toujours s'attendre à tout!... elles ne sont encore que des gamines qu'elles trouvent déjà moyen de faire du mal!...

— Est-ce qu'elle est perdue, docteur? — demanda anxieusement la supérieure — est-ce qu'elle ne va pas reprendre connaissance?...

— Peut-être?... mais ça ne prouvera rien!... Monsieur l'aumônier, vous pouvez toujours la bénir, allez!...

Antoinette écoutait toujours. Depuis un instant, elle souffrait beaucoup moins. Les douleurs aiguës avaient cessé; elle ne sentait plus qu'un grand poids vague, à peine gênant... il lui semblait que sa tête se remplissait d'eau et elle trouvait cela assez doux; elle pensait, se rappelant la face livide et la respiration haletante de son oncle:

— Le pauvre oncle Mélanie a souffert bien plus que ça, lui!...

A ce moment, le docteur Chardin lui prit la main et dit:

— La chaleur s'en va!... c'est dommage!... elle était bâtie à chaux et à sable, cette enfant-là!...

Alors Antoinette se décida à ouvrir les yeux; elle voulait savoir où elle était, remercier ceux qui s'intéressaient à elle.

Tout de suite, elle reconnut la chambre de la maîtresse générale. Une chambre gaie, claire, où le soleil levant entrait à pleins rayons.

Autour du lit, la supérieure, madame Lazarès, le docteur et l'aumônier étaient debout.

Tout heureuse de voir l'enfant qui la regardait, la maîtresse générale demanda, se penchant vers elle :

— Eh bien ?...

La bonne madame Lazarès, habituellement si correcte, avait sa croix sur l'épaule et sa cornette sur l'oreille. Antoinette se mit à rire en la regardant; puis, indiquant de son petit doigt tout pâle, le ciel pur qui semblait venir au-devant d'elle par la fenêtre ouverte, elle répondit épuisée en refermant les yeux :

— Eh bien, je vais aussi chez le Petit Bleu, moi!...

# MARIAGE MONDAIN

# MARIAGE MONDAIN

## I

A l'Opéra-Comique.

Dans la loge des Forsac. M. et madame Forsac, mademoiselle Clairette Forsac et une vieille amie de la famille, la douairière de la Balue, écoutent *Patrie* avec recueillement.

MADEMOISELLE CLAIRETTE, *à part.* — Papa à l'Opéra-Comique!... et il n'est pas allé savoir les nouvelles de la petite Bourse!... et il écoute *Patrie!*... il est malade, ou il

se passe quelque chose d'extraordinaire !...
sûr !...

*L'ouvreuse introduit un monsieur. — Saluts,
poignées de main.*

M. FORSAC, *à sa fille.* — Clairette !...
M. le vicomte de Châteaux-Margaux !... *(Le
monsieur s'incline profondément.)*

CLAIRETTE, *saluant.* — Monsieur !...
*(A part.)* Un monsieur que papa, maman et
madame de la Balue connaissent !... que moi,
je n'ai jamais vu... et qui est vicomte !...
je savais bien qu'il y avait quelque chose !...
*(Elle examine furtivement le monsieur.)* Il est
très bien !... élégant... pas chauve...

LE VICOMTE DE CHATEAUX-MARGAUX,
*à part.* — Je sens l'œil de la petite fixé sur
moi !... ça me déconcerte !... évidemment
on l'a prévenue malgré les conventions... je
dois avoir l'air d'un serin !... c'est égal !...
je suis joliment content de l'avoir vue le
soir !... ça me décide !... une petite caille !...

des épaules, des fossettes, une nuque !... un bijou !... je veux bien faire un mariage d'argent, mais encore faut-il...

MADAME FORSAC, *à part.* — Je crois qu'elle lui plaît !... pourvu qu'elle soit heureuse, mon Dieu !... *(Haut.)* Quelle ravissante musique !...

LE VICOMTE. — Ravissante !...

M. FORSAC, *à part.* — Il est empoigné !... absolument.... *(Haut.)* Ce décor est superbe !...

LE VICOMTE. — Superbe !...

LA DOUAIRIÈRE, *à part.* — Allons !... l'affaire est dans le sac !... *(Haut.)* Charmants, les costumes !...

LE VICOMTE. — Charmants !...

CLAIRETTE, *à part.* — Quelle jolie conversation !... Pauvre garçon !... *(Le vicomte se lève.)* Ah !... il en a assez !... je comprends ça !... *Saluts, poignées de main ; même mouvement qu'à l'entrée. Le vicomte sort.* — *Silence un peu embarrassé.*

LA DOUAIRIÈRE. — Hum!...

M. FORSAC. — Hum!... hum!...

MADAME FORSAC. — Hum!...

CLAIRETTE. — Maman!... ce monsieur qui vient de sortir...

MADAME FORSAC, *embarrassée*.—Eh bien!...

CLAIRETTE, *riant*. — Eh bien, je le trouve charmant!... n'est-ce pas là ce que vous voulez savoir?...

M. FORSAC, *stupéfait*. — Comment?... qui t'a dit?...

CLAIRETTE. — Oh! voyons, papa!... c'était pas difficile à deviner!...

## II

Un salon chez les Forsac. Fleurs, bibelots. Thé préparé sur une table. Dans un vase de cristal, une énorme gerbe de lilas blanc.

*M. et madame Forsac sont assis en face l'un de l'autre aux coins de la cheminée. Clairette et le vicomte causent au fond du salon.*

CLAIRETTE. — Alors, vrai, vous ne regrettez pas de manquer cette première ?...
LE VICOMTE. — Je ne regrette jamais rien quand je vous vois !... Dieu !... que vous êtes gentille ce soir !... Est-ce que vous n'avez pas changé quelque chose à votre coiffure ?...

CLAIRETTE. — Si!... vous avez dit que vous aimiez les nuques découvertes...

LE VICOMTE. — Et c'est pour moi que... vous tenez donc à me plaire, mademoiselle Clairette?...

CLAIRETTE. — Dame!... à qui tiendrais-je à plaire sinon à vous, monsieur?...

LE VICOMTE, *à part*. — Amour d'enfant, va!... pourvu que ses idées ne changent pas, Seigneur!...

MADAME FORSAC, *à son mari*. — Qu'est-ce qu'ils racontent là-bas?...

MONSIEUR FORSAC, *à demi assoupi*. — Qu'est-ce que ça te fait, ma bonne amie?...

MADAME FORSAC. — Il ne faudrait cependant pas... si nous nous rapprochions?...

MONSIEUR FORSAC. — Eh! laisse-les donc tranquilles, ces enfants!...

CLAIRLTTE. — Ça ne vous ennuie pas trop de venir comme ça passer toutes vos soirées à la maison?...

LE VICOMTE. — M'ennuyer!... comment voulez-vous qu'on s'ennuie près de quelqu'un qu'on adore?... car je vous adore, mademoiselle Clairette!... *(Lui prenant la main.)* Et vous?...

CLAIRETTE, *riant*. — Je ne sais pas si je vous adore, mais je suis bien sûre que je vous aime de tout mon cœur!...

LE VICOMTE. — Depuis quand?...

CLAIRETTE. — Depuis... depuis presque tout de suite!... je savais que papa et maman tenaient absolument à me faire épouser un mari titré... et honorable!... ils se préoccupaient très peu du reste... moi j'étais résignée... je me disais : si mon mari m'apporte une belle situation, un beau nom, un titre... je ne peux pas exiger qu'il soit charmant!... jugez combien j'ai été contente en vous voyant!...

LE VICOMTE, *riant*. — Alors, je suis charmant?...

CLAIRETTE, *sérieuse*. — Oui !... Et vous, depuis quand m'aimez-vous un peu?... car au commencement vous ne m'aimiez pas du tout?...

LE VICOMTE. — C'est-à-dire que votre petit air moqueur me déconcertait affreusement... j'étais ahuri... intimidé... tandis qu'à présent... *(Il lui baise la main.)*

CLAIRETTE. — A présent?...

LE VICOMTE. — Oh! à présent, vous ne m'intimidez plus du tout!...

MADAME FORSAC, *l'oreille tendue*. — Ils marmottent je ne sais quoi entre leurs dents... on n'entend pas un mot... rapprochons-nous d'eux...

MONSIEUR FORSAC. — Mais si!... mais si!... on entend!... il vient de lui dire qu'à présent elle ne l'intimide plus du tout...

MADAME FORSAC, *vivement*. — Raison de plus pour nous rapprocher!...

MONSIEUR FORSAC. — Ma pauvre femme!... tu ne seras jamais dans le mouvement!...

CLAIRETTE, *riant*. — Quand nous serons mariés... est-ce que vous me laisserez faire tout ce que je voudrai?...

LE VICOMTE. — Quand nous serons mariés, je voudrai tout ce que vous ferez...

## III

*Dans la chambre de Clairette. Les cadeaux de la corbeille, les robes, les fourrures, le trousseau et les bijoux sont étalés sur une grande table, sur le lit, sur les fauteuils.*

*Clairette et ses amies vont et viennent, regardant, admirant et jacassant comme des pies.*

UNE AMIE, *furetant au milieu des écrins.* — Je ne trouve pas les diamants !...

CLAIRETTE. — Il n'y en a pas !... j'ai demandé des rubis et des perles... je n'aime pas les diamants !...

— Tu as bien raison !...

— Oui... c'est commun, les diamants !... tout le monde en a !...

UNE AMIE POINTUE. — Je ne trouve pas !... et d'ailleurs, une corbeille sans diamants est une corbeille boiteuse !... tu aurais pu ne pas les porter, mais il fallait en avoir !...

— Oh !... que tes chemises sont jolies !... tu as bien fait de ne vouloir que de la valenciennes... c'est bien plus léger !...

CLAIRETTE. — Et puis c'est la seule chose qui soit « linge ! »...

— Ah ! il n'y a qu'une dentelle sur l'épaule... pas du tout de batiste... regarde, Marguerite, c'est une très bonne idée !...

L'AMIE POINTUE. — Oui... mais je n'admets pas qu'on ait des chemises garnies de dentelle !... ça ressemble à des chemises de cocotte !...

CLAIRETTE, *surprise*. — Tu en as vu, des chemises de cocotte ?...

L'AMIE POINTUE. — Non... mais enfin !... à propos !... on dit que M. de

Châteaux-Margaux les aime beaucoup !...

CLAIRETTE. — Qui ça?...

L'AMIE POINTUE. — Les cocottes!...

— Oh !... voilà une idée de dire ça à Clairette !...

— Tu es vraiment méchante, Marguerite !...

CLAIRETTE. — Si vous saviez comme ça m'est égal !... *(A l'amie pointue.)* Tu disais?...

L'AMIE POINTUE, *embarrassée*. — Je répétais... ce que mon frère dit...

CLAIRETTE. — Et qu'est-ce qu'il dit, ton frère ?...

L'AMIE POINTUE. — Que M. de Châteaux-Margaux trouve les cocottes à son gré... qu'il les aime !...

CLAIRETTE. — Eh bien, je tâcherai qu'il m'aime plus qu'elles, voilà tout !... *(A une autre amie.)* — Regarde mon paletot de loutre... il est beau, n'est-ce pas ?...

— Et les robes ?... Combien as-tu de robes de velours ?...

CLAIRETTE. — Quatre... une rubis, une saphir, une vert myrte et ma robe de mariée en velours blanc, tout unie... pas un seul ornement... une grande traîne et un tout petit bouquet de fleurs d'oranger au corsage...

— Et les autres robes ?...

CLAIRETTE. — J'ai six costumes de ville.. six robes de dîner... six robes de bal...

— Oh !... la belle pierre !...

CLAIRETTE. — C'est une grosse opale... je l'adore, cette opale !... je vais la porter toujours...

L'AMIE POINTUE. — Tu sais qu'on prétend que l'opale porte malheur !...

CLAIRETTE. — J'espère qu'on se trompe !...

— Qu'est-ce qui te fait le plus de plaisir de tout ce qu'on t'a donné ?...

CLAIRETTE. — Mon mari !...

# IV

*Dans la rue d'Anjou, devant la mairie. — On vient de célébrer le mariage civil. Très peu de monde : les Forsac, les Châteaux-Margaux et leurs témoins. Il pleut à verse les voitures avancent difficilement.*

M. FORSAC. — Sapristi !... cette pluie est du verglas !...

MADAME FORSAC. — Eh bien, qu'est-ce que ça fait ?...

M. FORSAC. — Ça fait que les chevaux n'ont pas de clous et qu'il vont se flanquer par terre !...

MADAME DE CHATEAUX-MARGAUX. — Faites donc monter Clairette dans le coupé de mon fils... son cheval est ferré à glace !... *Le valet de pied fait avancer le coupé. — Le vicomte se précipite et installe Clairette.*

CLAIRETTE. — Montez aussi !...

LE VICOMTE. — Mais...

MADAME FORSAC, *sortant du péristyle où elle s'est abritée.* — Clairette !... Clairette !... ça ne se fait pas !... c'est très inconvenant !... tu n'es pas mariée !... pas mariée du tout, tu sais !... (*Le maire, qui sort au même instant, fait une tête !*)

CLAIRETTE, *au vicomte, qui veut descendre.* — Restez !... (*Elle fait signe au valet de pied de fermer la portière; le coupé part.*)

LE VICOMTE, *prenant les mains de Clairette, et les couvrant de baisers.* — Je vous aime bien, Clairette !...

CLAIRETTE, *rieuse et émue en même temps.* — Comment !... voilà que vous m'appelez Clairette tout court !...

LE VICOMTE. — Savez-vous que vous êtes ma femme ?... ma femme, vous entendez !... j'ai le droit de vous appeler Clairette... et de vous emporter, et de...

CLAIRETTE, *effarée*. — Ah! bien!... c'est ça qui ferait une histoire!... *(Le regardant.)* Vous ne voudriez pas?...

LE VICOMTE. — Je ne voudrais pas?... Ah! si!... je voudrais!... seulement, je ne le ferai pas!...

CLAIRETTE, *rassurée*. — A la bonne heure!... *(Naïvement.)* Vous pouvez bien attendre jusqu'à demain, voyons!... ce n'est pas bien long!...

LE VICOMTE. — Pas bien long!... vous trouvez ça, vous!...

## V

La sortie de la Madeleine, files d'équipages. Amis du marié, amies de la mariée, invités, curieux, badauds.

— Est-ce que vous n'avez pas été à la sacristie ?...
— Mais si !...
— Tiens !... je ne vous ai pas vue !...
— Eh bien, ça te donne-t-il envie de te marier ?...
— Ma foi, non !...
— La mariée est pourtant diablement jolie !...
— Précisément !... je crains que ce pauvre Châteaux-Margaux ne soit pas à la hauteur !...

— Allons donc! elle a l'air candide, cette petite!...

— Possible! mais enfin, elle ne le sera pas toujours!...

— Espérons-le pour Châteaux-Margaux!...

— Oh! chère madame! vous avez un joli livre de prières!... peut-on le voir?...

— Mais oui...

— Il n'y pas de secrets dedans?...

— Comment, des secrets?...

— Ne prenez-donc pas un air étonné!... tout le monde sait que les manchons et les livres de prières... tiens!... il est en latin, votre livre!... vous dites vos prières en latin?

— Oui... quand on les dit en français, ça amuse trop!...

— Moi, j'ai idée que cette petite bonne femme-là va mener ce pauvre Châteaux-Margaux par le bout du nez!...

— Peut-être?... si elle ne l'aime pas!... si elle l'aime, elle est flambée!...

— Il n'y a qu'une femme pour oser dire une chose pareille !...

— Parce que c'est une grande vérité !...

— Est-ce que vous accompagnez le corps ?...

— Oui !... et vous ?...

— Oh ! non !... — moi je n'aime pas les choses tristes !...

*Clairette et le vicomte descendent l'escalier au milieu d'une haie de curieux.*

— Elle est tout bonnement ravissante !...

— Animal de Châteaux-Margaux, va !...

— Et il mérite si peu d'avoir une pareille chance !... il est vanné, joueur... grincheux...

— Vous êtes très lié avec lui ?...

— Pourquoi ?... parce que je le connais bien ?

— Non, parce que vous en parlez mal...

— Tiens !... Lapane qui parle à la duchesse !... je les croyais brouillés...

— Châteaux-Margaux a tort de porter sa

décoration étrangère, ça lui donne l'air rastaquouère... c'est une bêtise!...

— C'est moi qui le lui ai conseillé!...

— Pourquoi donc ça?...

— Eh bien, justement, parce que c'est une bêtise!...

— Dieu!... que vous êtes méchant, vous!...

— Dame!... faut bien être quelque chose!..

*Le vicomte fait monter Clairette en voiture et monte ensuite avec elle.*

UN VOYOU, *le regardant avec envie*, — Ben, y peut aller loin comme ça!... y s'embêtera pas en route!...

# VI

*Chez le vicomte. Un petit salon tendu de peluche chamois. Aquarelles. Gravures de courses et de chasse. Clairette en toilette de mariée; le vicomte en habit.*

CLAIRETTE, *regardant l'appartement.* — C'est gentil chez vous!...

LE VICOMTE, *la prenant dans ses bras.* — Ma Clairette!... dites-moi que vous m'aimez!...

CLAIRETTE, *souriante et émue.* — Je vous aime!...

LE VICOMTE. — Dites-le mieux que ça!...

CLAIRETTE, *appuyant sa tête contre lui.* — Je vous aime!... *(Souriant.)* A présent, laissez-moi m'habiller, nous manquerons le train...

LE VICOMTE, *la faisant asseoir après de lui*. — Eh bien, nous le manquerons !...

CLAIRETTE. — Et papa ?... et maman ?... et vos parents ?... qui seront à nous attendre là-bas... à la gare de Lyon ?...

LE VICOMTE. — Dites-moi, ma chère Clairette, tenez-vous beaucoup à aller à Nice, vous ?...

CLAIRETTE. — Pas du tout !... mais, puisque c'est convenu...

LE VICOMTE, *nerveux*. — Nous n'y serons que demain, à Nice !... si nous restions ici ?...

CLAIRETTE. — Mais le départ... la famille à la gare ?...

LE VICOMTE. — C'est vrai !... *(Illuminé.)* J'ai une idée !... nous partirons... nous descendrons à la première station, et nous reprendrons le train de onze heures et demie qui nous ramènera ici !... *(A part.)* Ça sera toujours moins long que d'aller à Nice...

CLAIRETTE. — Je veux bien, moi !...

LE VICOMTE. — Vous acceptez mon petit appartement de garçon?... le nôtre ne sera prêt que dans quinze jours...

CLAIRETTE. J'accepte tout!...

LE VICOMTE. — Voyons, quelle est la première station? *(Il prend un indicateur.)* J'ai joliment bien fait d'insister pour ne pas prendre le rapide... nous n'aurions pas pu faire ça!... voyons?... *(Il cherche.)* Paris... Charenton!... Charenton est la première station...

CLAIRETTE. — Alors, je peux m'habiller!... c'est décidé?...

LE VICOMTE, *l'embrassant.* — C'est décidé!...

## VII

Sur le quai de la gare de Lyon. M. et madame Forsac, M. et madame de Châteaux-Margaux, Clairette.

M. FORSAC, *à Clairette*. — Ton mari va être en retard!... son père lui offrait de prendre vos billets... ou de surveiller vos bagages... il n'a jamais voulu... tu ne sais pas pourquoi?...

CLAIRETTE, *qui a envie de rire*. — Mais non... *(A part.)* Que si, je le sais!...

MADAME FORSAC. — On siffle... monte toujours en wagon et prends garde!... *(Elle l'embrasse.)* Adieu, ma chérie!... écris-nous demain!...

M. FORSAC, *l'embrassant*. — Pourquoi pas cette nuit?... adieu, fillette!... amuse-toi bien...

*Le vicomte arrive en courant, embrasse son père et sa mère, serre les mains à M. et madame Forsac et saute dans le compartiment; le valet de chambre et la femme de chambre passent les sacs, et l'employé ferme la portière.*

MADAME FORSAC. — Prends bien garde de te faire du mal!... tu seras si loin de nous!...

CLAIRETTE, *au vicomte*. — Pauvre maman!... si je lui disais?... non... vous ne voulez pas?... (*Le train part.*)

MADAME FORSAC, *sanglotant*. — Ne descends pas quand le train marche!... sois bien prudente!... écris-nous!... (*Courant sur le quai à côté du train.*) Envoie-nous une dépêche!... tout de suite!...

# EN PRÉPARANT L'ARBRE DE NOËL

# EN PRÉPARANT L'ARBRE DE NOËL

A la campagne chez la douairière.

Une immense galerie éclairée par le plafond arrondi en dôme et tendue de tapisseries anciennes représentant l'histoire d'Icare. — Le plafond est soutenu par des colonnettes grecques en marbre blanc, éloignées des murs de façon à former des bas-côtés comme ceux d'une église. — Au bout de la galerie, billard empire en acajou ; les pieds du billard figurés par des sphinx ailés en cuivre. A l'autre bout, dans un massif de lauriers roses, l'*Arlequin*, de Saint-Marceaux, surmontant une grande vasque de marbre blanc toute remplie de fleurs d'eau qu'arrose une fontaine. Dans les angles de la pièce, aux coins de la haute cheminée de granit rose, autour des tables, partout des fleurs. — Sièges bizarres et confortables de tous les styles et de tous les temps ; divans bas, vis-à-vis, S, fauteuils à bascule, crapauds, bergères, piles de coussins, poufs, X, pliants, ganaches, dormeuses, etc. — A deux des colonnettes de marbre est attachée une escarpolette tout enrubannée, à petit fauteuil de peluche ventre de biche. Un hamac de soie, orné de houppes et de pompons, est suspendu à deux autres colonnettes. Dans un coin, un tir. Toupie hollandaise, tête de Turc, billard anglais, grands chevaux à bascule à ressorts, jeu des couteaux, enfin tous les jeux du monde. Au milieu de la galerie, dans une énorme caisse de faïence, l'arbre de Noël. C'est un *genêt odorant géant*, qui plie déjà sous le poids des bougies et des rubans. Il est entouré d'échelles.

Il est une heure et demie. — On sort de table.

LA DOUAIRIÈRE, *entrant au bras du général et venant tourner autour de l'arbre.* — Seigneur !... vous n'en êtes que là !... *(A une des jeunes filles.)* Tu me disais que c'était presque fini !...

— Mais, grand'mère, les bougies sont attachées, et,... voyez-vous, les bougies, c'est le plus long... n'est-ce pas, Catherine ?...

— Oh ! oui, grand'mère !... c'est le plus long !... demandez à M. l'abbé qui nous a aidées...

LA DOUAIRIÈRE, *stupéfaite.* — Qui vous a aidées ?... comment, monsieur l'abbé, vous êtes monté là-dessus ?...

L'ABBÉ, *très occupé à arranger un nœud de*

*ruban*. — Sur l'arbre?... Ah! mais, bien sûr que non, madame la marquise!... je suis trop lourd, il aurait cassé!...

— Mais non, monsieur l'abbé, pas sur l'arbre... je pense bien que... mais sur les échelles... c'est fou d'aller grimper sur des perchoirs pareils, à votre âge!...

— Mais je n'ai que cinquante ans, madame la marquise!... d'ailleurs, personne n'aidait vos petites-filles et...

CHŒUR DES JEUNES FILLES. — Ça, c'est bien vrai!... *(Aux jeunes gens qui ont l'air de s'empresser.)* Vous êtes tous joliment paresseux, allez!...

LA BELLE MADAME DE KURAÇAO, *posant le pied sur une des échelles.* — Allons, puisque ces messieurs se reposent, je vais travailler à leur place!...

*Tous les hommes présents se précipitent pour assister à l'ascension.*

LE GÉNÉRAL, *lâchant brusquement la douai-*

rière. — Mais je ne me repose pas, moi !...
*(S'élançant et saisissant le montant de l'échelle.)*
— Je tiens l'échelle et je ne la lâche plus !...
*(A la belle madame de Kuraçao.)* N'ayez pas
peur !... ça ne bougera pas !... *(Il regarde
autour de lui d'un air menaçant. On — s'é-
loigne.)*

LA DOUAIRIÈRE, *goguenarde*. — Eh !... il
me quitte un peu brusquement, ce bon
général !... Qu'en dites-vous, monsieur
l'abbé ?

— Mon Dieu, madame la marquise... le
général craignait sans doute que l'échelle mal
assujettie ne...

— Allons donc !... il craignait de ne pas
bien voir les jambes, si les autres prenaient
la meilleure place !... voilà tout !...

L'ABBÉ, *scandalisé*. — Oh ! madame la
marquise !... Oh !... *(Il se replonge le nez dans
les branches et arrange son ruban avec une
extrême attention.)*

M. D'ANCOCHE, *à l'aide de camp.* — Je croyais que le général partait après le déjeuner...

— Non!... il a envoyé une dépêche... nous restons!...

M. D'ANCOCHE, *distrait.* — Ah!... fâcheux, ça!... fâcheux!... ce n'est pas pour vous que je dis ça, au moins!...

L'AIDE DE CAMP, *riant.* — Merci!...

M. D'ANCOCHE, *confidentiellement.* — Mais c'est pour votre chef!... il est insupportable, ce bonhomme-là!... il accapare tout!... les meilleurs chevaux, la plus belle chambre, les bons morceaux!... les sourires des jeunes filles, et les bonnes grâces des femmes... les femmes, depuis qu'il est ici, ne s'occupent que de lui!...

L'AIDE DE CAMP, *qui croit avoir de bonnes raisons de penser qu'on ne s'occupe pas « seulement » du général, souriant finement.* — Oh! croyez-vous?...

— J'en suis sûr!... elles sont folles de lui!... toutes!...

L'AIDE DE CAMP, *souriant de plus en plus finement*. — Tant que ça?

— Quand je vous le dis!... vous n'avez donc pas entendu, hier soir... quand il a annoncé son départ, ce concert de supplications?... « Oh! restez donc, général!... — Général, encore deux jours?... — Je vous en conjure, général!... — Voyons!... vous ne me refuserez pas ça?... » et patati et patata!... c'était révoltant!... ces demoiselles elles-mêmes avaient perdu toute retenue...

— Vraiment?...

— Entre nous, je vous dirai que ces demoiselles peuvent bien admirer le général tant qu'elles voudront... ça m'est égal!... moi, les jeunes filles, ça n'est pas mon affaire...

— Ah! bah?...

— Non... mais... madame de Kuraçao par exemple... la seule femme en déplacement ici sur laquelle tout le monde avait le droit de compter...

L'AIDE DE CAMP, *surpris*. — Comment?...

— Et sans se gober outre mesure, encore ! Ah !... vous ne saviez pas ?... Fontainebleau est si loin que ça de Paris?... Eh bien, apprenez que la belle madame de Kuraçao n'est pas... sauvage !... qu'avec elle, tous les appelés sont élus,... que...

L'AIDE DE CAMP, *vexé*. — Je crois que mon général me fait un signe, je vais...

— Votre général?... Ah ! il s'occupe bien de vous dans ce moment-ci, votre général!...

L'AIDE DE CAMP, *à part*. — Est-ce que le général serait... élu... lui aussi? *(Il se dirige vers l'échelle très inquiet.)*

LA DOUAIRIÈRE, *sautant en l'air*. — Qu'est-ce que c'est que ça ?... *(Apercevant un de ses petits-fils qui tire au pistolet.)* Jacques!... veux-tu venir ici!... je te défends, je vous défends à tous de tirer quand je suis là!... (*Regardant autour d'elle.*) Quand je pense que j'ai eu la faiblesse de vous laisser massacrer cette galerie!...

— Oh! grand'mère, massacrer!...

— Oui, massacrer!...

— Dame!... vous nous avez permis de l'arranger à notre goût!...

— Eh bien, il est joli, votre goût!... Des colonnes grecques et des balançoires Louis XV!... un billard empire!... de l'eau qui coule au milieu de tout ça!... et des chevaux de bois, des jeux extravagants!...

— Mais c'est délicieux, au contraire!... On se croirait dans l'avenue de Neuilly... pendant la fête!...

LA DOUAIRIÈRE, *levant les yeux au ciel.* — C'est un salon, ça!...

— D'abord, grand'mère, c'est pas un salon, c'est un hall...

— Un hall?...

— C'est un mot anglais qui signifie...

— Fais-moi l'amitié de parler français?... ça t'évitera la peine de traduire... *(Apercevant une branche du genêt qui plie.)* Mes enfants!... votre arbre va casser!... vous le chargez trop!... *(Jacques s'esquive.)*

LA PETITE MADAME D'HABANDON, *tendant sa tasse à café à M. d'Ancoche.* — Na!... A présent, je vais m'amuser! *(Elle court à l'escarpolette et saute lestement debout sur le petit fauteuil.)*

LE GÉNÉRAL, *quittant précipitamment l'échelle où est la belle madame de Kuraçao et bondissant vers l'escarpolette.* — Attendez!... attendez!... je vais vous donner de l'élan, moi!...

M. D'ANCOCHE, *s'arrêtant ahuri, la tasse à la main.* — Il lâche l'autre!... *(A Namur, qui joue tout seul au billard anglais.)* Non!... mais regardez-moi comme il la lâche!...

NAMUR, *sans se retourner.* — Vous inquiétez pas... un autre la rattrapera!...

M. D'ANCOCHE. — Ah!... *(Inquiet.)* Vous, peut-être?...

— Moi?... Oh! non!... j'ai fait mon temps, moi!... je ne réengage pas!...

M. D'ANCOCHE, *très intéressé*. — Ah!... alors, c'est vrai?...

— Quoi?

— Ce qu'on dit de la belle madame de Kuracao?... tout ce qu'on en dit?...

— Vous pensez bien que si ça n'était pas vrai, je ne me permettrais pas de parler d'elle sur ce ton-là...

— Et cette bonne marquise qui ne se doute de quoi que ce soit!...

— Ça, vous n'en savez rien... ni moi non plus!...

— Oh!... comment?... vous croyez que si elle se doutait... elle inviterait madame de Kuraçao à venir ici... préparer l'arbre de Noël?

— Préparer l'arbre de Noël?... elle ne l'a

pas invitée pour ça!... ça tombe pendant sa série, et puis voilà!...

— Et avec ses petites-filles... c'est imprudent!...

— Les petites-filles, ça ne leur fait pas grand mal!... à la place de la douairière, je craindrais plutôt pour les petit-fils!...

LA DOUAIRIÈRE, *à part, regardant ce qui se passe.* — Allons!... bon!... en voilà un sur la balançoire, à cette heure!... ils sont enragés!... *(Elle prend son lorgnon et reconnaît madame d'Habandon.)* C'est Gilberte!... et le général naturellement!... le général dessous!... et regardant en l'air avec une insistance de mauvais goût!... Ah çà! mais!... il commence à m'agacer, le général!... tant qu'il ne fait la cour qu'à madame de Kuraçao, je m'en moque!... mais s'il s'avise de marivauder avec mes petites-filles, halte-là!... si c'est comme ça, je ne l'inviterai plus, la belle madame de Kuraçao!... c'est vrai !... je ne l'invitais que parce que je pensais qu'elle détournerait à son profit les... hommages qui, sans elle, s'adresseraient aux femmes de ma famille ou de mes amis... je ne la tolérais dans mon salon que comme dérivatif... du moment où elle ne remplit pas les conditions voulues... bonsoir !... je me priverai avec joie de cette relation douteuse !... (Continuant à lorgner le général et la petite madame d'Habandon). Petite sotte !... ce que je donnerais pour qu'elle ait mal au cœur sur sa balançoire !... mais pourquoi diable son mari ne la surveille-t-il pas ?... où est-il seulement, cet animal-là ?... (Haut.) Mes enfants, où donc est Georges ?... vous ne l'avez pas vu ?...

VOIX. — Georges ?... non !...

— Il était là tout à l'heure !...

— Ah ! le voilà !...

LA DOUAIRIÈRE, *assujettissant son binocle.*

— Où ça?... Dans la cheminée!... *(Apercevant M. d'Habandon qui dort dans un grand fauteuil placé sous le manteau de la cheminée.)*
— C'est ma foi vrai!... et il dort!... mais il va se brûler!...

— Oh! non!... grand'mère!... il se met souvent là!... c'est même pour pouvoir s'y mettre qu'il a demandé une grande cheminée à abri...

LA DOUAIRIÈRE, *amèrement*. — Ah!... ce four de campagne!... c'est son morceau d'architecture, à lui!... *(Appelant un des enfants, qui examine les joujoux de l'arbre de Noël.)* — Pierrot!...

PIERROT, *accourant joyeusement*. — Bonne maman!...

— Tu vois ton oncle Georges?... réveille-le... réveille-le bien doucement... et dis-lui de venir me parler...

PIERROT, *très refroidi*. — Oui!... et puis... si y s' fâche?...

— Il ne se fâchera pas!... fais ce que je te dis!...

PIERROT, *s'approchant à pas de loup de M. d'Habandon et le secouant violemment.* — Oncle Georges!... oncle Georges!...

M. D'HABANDON, *bondissant.* — Quoi?... qu'est-ce que c'est? *(Furieux.)* Veux-tu bien me fiche la paix... vilain môme!...

PIERROT, *se sauvant.* — Là!... je l' disais bien qu'y s' fâcherait!... y s'a fâché!...

L'ABBÉ, *poursuivant Pierrot.* — S'est... on dit: « Il *s'est* fâché!... » Répétez!...

PIERROT. — ... S'est fâché... y s' fâche tout l' temps d'abord, l'oncle Georges!...

LA DOUAIRIÈRE, *appelant.* — Georges!... mais tu vas te griller!... sors donc de cette cheminée, mon enfant!...

M. D'HABANDON, *s'étirant et se levant lentement.* — Voilà! grand'mère! voilà! *(A part.)* Elle est tourmentante, grand'mère!... quand elle est là, je n'ose déjà pas fumer ma pipe!... alors, pour me consoler, je dors!... si à présent elle m'empêche même de dormir?...

LA DOUAIRIÈRE. — Comment!... tu n'es pas honteux de dormir ainsi en sortant de table?...

— Pas honteux du tout, grand'mère!...

— Est-ce que tu es fatigué?...

— Pas fatigué le moins du monde!... je suis, au contraire, frais comme l'œil...

— Alors, tu t'ennuies?...

— Mon Dieu!... je ne m'amuse pas follement, mais je ne m'ennuie pas non plus!...

— Enfin, pourquoi dors-tu?...

— Pourquoi je dors?... vous tenez à le savoir?... (Lyrique.) Eh bien, je dors pour oublier ma pipe, na!...

LA DOUAIRIÈRE. — Ta pipe? (Énervée.) Tiens!... au lieu de t'occuper de ta pipe, tu ferais mieux de t'occuper de ta femme!...

— Chaque chose a son heure, grand'mère, et je vous avoue que, en sortant de table, j'ai plutôt l'habitude de fumer une pipe que de...

LA DOUAIRIÈRE, *entre ses dents*. — Imbécile!...

M. D'HABANDON, *qui n'a pas entendu*. — D'ailleurs, regardez-la, ma femme!...

— Eh! je ne fais que ça depuis un quart d'heure!...

— Eh bien, vous devez voir qu'elle n'a pas du tout besoin que je m'occupe d'elle!... le général est là!...

— Je le vois parbleu bien!...

— Et quand il est auprès d'une jolie femme, ce bon général, il préfère y être seul...

LA DOUAIRIÈRE, *horripilée*. — Et tu l'y laisses?...

— Dame!... vous pensez bien que je ne suis pas jaloux!... surtout du général!...

— Oui,... je sais, la jalousie n'est plus de mode!... ce n'est pas un sentiment chic!... seulement, explique-moi donc pourquoi tu dis: « Surtout du général? » pourquoi *surtout?*...

— Mon Dieu, parce que le général ne me fait pas!... ou ne me fait plus, si vous voulez, l'effet d'un séducteur!... *(Il rit.)*

— Eh! eh! je ne m'y fierais pas!... Il n'a guère que quarante-six ou quarante-sept ans, le général!... il a bon pied, bon œil et bon estomac!... ça, je t'en réponds!... il est à table à côté de moi!... il monte très bien à cheval.... et il valse!... Ah!... comme il valse!... personne n'a jamais valsé aussi bien que lui!... excepté le duc d'Orléans!...

LE COMTE DE VYELADAGE, *s'approchant et se mêlant à la conversation.* — Le duc d'Orléans... Ah!... chère madame!... vous allez vous attendrir!... *(M. d'Habandon fait demi-tour.)*

LA DOUAIRIÈRE. — M'attendrir?...

— Eh! oui!... voyons, avouez-le!... vous

avez eu, — en tout bien tout honneur, s'entend, — un léger... *béguin* (comme disent vos petits-fils) pour le duc d'Orléans!...

LA DOUAIRIÈRE, *protestant*. — Mais jamais de la vie!...

— Taratata!... Oh!... vous n'êtes pas la seule, allez!... de 1830 à 1842, toutes les femmes de Paris ont éprouvé pour le duc d'Orléans des caprices plus ou moins intenses... et celles qui n'ont pas brûlé de cette flamme poétique et platonique, eh bien, c'est que...

— C'est que?...

— C'est qu'elles se distrayaient moins poétiquement et moins platoniquement ailleurs!...

— Mais vous plaisantez?...

— Eh non!... vous savez bien que ce que je dis est vrai!... croyez-vous, par exemple, que votre amie de Vieillebranche ait aimé le duc d'Orléans?

— Mais je ne sais pas, je...

— Elle n'avait pas le temps, elle aimait tout l'état-major !

LA DOUAIRIÈRE, *pensive*. — Ah qu'elle était jolie dans ce temps-là !...

— Ça veut dire en bon français : « Est-elle assez laide à présent !... »

— Dame !... il est assez naturel, en vieillissant de...

— Mais, pas du tout !... vous aussi, vous étiez jolie en 1840 !... plus jolie qu'elle !... Oh !... vous n'avez pas besoin de secouer la tête !... vous savez parfaitement ce que je pensais en ce temps-là... je vous l'ai dit assez souvent... et vous m'avez envoyé promener... ah ! mais carrément !... vous étiez irréprochable, vous !...

LA DOUAIRIÈRE, *riant*. — Voyez-vous ça ?... parce que je ne suis pas tombée amoureuse de vous, je devais être irréprochable !...

— Je ne dis pas que ce soit « pour ça!.. » mais je savais par mes compagnons d'infortune, — et Dieu sait s'ils étaient nombreux! — qu'ils n'avaient pas eu plus de chance que moi...

— Bien entendu... quand on réussit, on ne va pas le crier sur les toits!...

— Ah!... *(Un temps.)* C'est tout de même une drôle d'idée que vous avez là!...

— Quelle idée?...

— Eh bien, mais de vouloir me faire croire que vous avez mené une vie de polichinelle...

— Moi?... je veux vous faire croire que j'ai mené une vie de... Ah çà! vous êtes fou?...

— On le serait à moins!... vous êtes là à m'insinuer un tas de choses... c'est pour me vexer, probablement?...

— Mais, en vérité...

— Dame!... *(Soupçonneux.)* — c'était cet

imbécile de Cautoyant, n'est-ce pas?... *(Avec éclat.)* Eh bien, au fond, je m'en étais toujours douté!...

LA DOUAIRIÈRE. — Ah! par exemple!... c'est un peu fort!!! *(Riant de tout son cœur.)* Mon pauvre ami!... ah!... c'est bien vrai que les hommes sont bêtes!... à tout âge!...

— Mais...

— Combien je me félicite d'avoir toujours été... irréprochable, comme vous dites!... que de déboires et que de regrets je dois m'être épargnés!... Et si, — comme vous le prétendez, — c'était l'image peut-être un peu trop présente à mon esprit du duc d'Orléans, qui m'avait empêchée de faire des sottises; eh bien, je lui devrais une fière chandelle, au duc d'Orléans!...

— ! ! ! ! ! ! ! ! ! ! ! ! !

— Seulement je crois, moi, que j'ai été tout bonnement protégée un peu par mes principes, beaucoup par mes instincts et énormément par le bon Dieu... Oh! ne haussez pas les épaules!... aussi, tout ce que je lui demande...

— A qui?...

— Au bon Dieu, mon ami... c'est de faire que mes petites-filles soient, moralement et physiquement, aussi bien que leur vieille grand'mère... Ma foi, oui!.... ça n'est peut-être pas très modeste, ce que je dis là, mais c'est franc!... je crois que j'ai été jolie jadis, et je suis sûre d'avoir été toujours une brave femme!... mais vous me faites bavarder... vous m'empêchez de m'occuper de mes affaires... tenez... envoyez-moi donc Gilberte...

— Gilberte?... elle est là-bas... tout là-bas!... elle se balance... ça va la déranger!..

— Ça ne fait rien... envoyez-la tout de même!...

PIERROT à *Lily qui a arraché en courant un ruban de l'arbre de Noël.* — J'vais l'dire à m'sieu l'abbé, va, qu't'abîmes tout! tu peux être sûre!...

LILY, *se sauvant*. — Ben, moi, j' dirai à Miss qu' tu m' poursuis... oui, j' lui dirai !...

PIERROT, *méprisant*. — A Miss!!! comme si qu'ça compte, Miss!...

LILY, *rebroussant chemin et allant à l'abbé qui continue à travailler avec acharnement à l'arbre de Noël*. — M'sieu l'abbé!... Pierrot m' dit qu'y va vous dire des choses... alors moi j' vous l' dis, pour pas qu' vous croyez c' qu'y vous dira...

L'ABBÉ, *ahuri*. — Qu'est-ce que vous dites?...

PIERROT, *candide*. — Pas vrai, m' sieu l'abbé! j'ai rien dit!...

LILY, *saisie*. — T'as pas dit qu' t'allais l' dire à m'sieu l'abbé?...

L'ABBÉ. — Quoi?... dire quoi?...

LILY. — Qu'Miss n' comptait pas?

PIERROT, *très crâne*. — Non, j'l'ai pas dit!...

LILY, *suffoquée*. — Tu l'as pas dit?... Oh!... (*Elle pleure.*)

LA DOUAIRIÈRE. — Allons, allons!... qu'est-ce qu'il y a encore?...

— Je ne sais pas, madame la marquise... je ne sais en vérité pas... Pierrot se dispute avec sa sœur...

PIERROT, *de plus en plus crâne*. — Moi!... si on peut l'dire!...

LA DOUAIRIÈRE. — Pierrot, Lily, venez ici!... qu'y a-t-il?... Allons, explique-toi, Pierrot!...

PIERROT, *beaucoup moins crâne, tortillant un bouton de sa manche*. — Bonne m'man... y a qu' c'est Lily qui... j'sais pas moi!...

LA DOUAIRIÈRE. — Et toi, Lily, pourquoi pleures-tu?...

LILY. — Pac' que Pierrot me m'nace tout l' temps de l' dire...

LA DOUAIRIÈRE. — De dire quoi, sapristi?...

LILY, *pleurant plus fort.* — Ben... j'sais pas !

LA DOUAIRIÈRE. — Est-ce que vous avez vu quelque chose, monsieur l'abbé ?...

L'ABBÉ. — Pas la moindre, madame la marquise !... j'étais fort occupé à attacher à l'arbre une brebis qui ne voulait pas tenir... j'ai entendu tout à coup les enfants qui se disputaient, et je croirais volontiers que Pierrot...

PIERROT, *vivement.* — Oh ! m'sieu l'abbé, comment pouvez-vous croire quéqu'chose ?... que vous étiez rien occupé que d'vot' brebis... qu'vous lui attachiez des petits nœuds roses... vous vous appliquiez même si tellement qu'vous en tiriez la langue, ainsi...

LA DOUAIRIÈRE. — Pierrot !... si tu ne te tais pas, tu n'auras rien à l'arbre de Noël... on supprimera tous les jouets que le petit Jésus a apportés pour toi...

PIERROT, *rageur.* — D'abord, on n'a pas l'droit d'faire ça !...

LA DOUAIRIÈRE. — On a toujours le droit de punir les enfants méchants et raisonneurs...

PIERROT, *rageur*. — Ben, nous l'verrons bien!...

L'ABBÉ, *conciliant*. — D'ailleurs, on n'aura pas besoin de supprimer les jouets de Pierrot... s'il est méchant, le petit Jésus se chargera lui-même de les faire disparaître...

LILY, *étonnée*. — Y viendra les r'prendre?..

PIERROT. — Ben, j'voudrais voir ça!...

L'ABBÉ. — Il ne viendra pas précisément les reprendre... mais il les fera disparaître...

LILY, *interloquée*. — Oh!... y ferait ça!... mais alors, m'sieu l'abbé, c'est donc une fée, l'petit Noël?...

L'ABBÉ. — Mais...

LA DOUAIRIÈRE, *bourrue*. — On dit *le petit Jésus!*... (*A l'abbé.*) Monsieur l'abbé, je vous en prie, veillez à ce qu'on empêche les enfants de dire : *le petit Noël!* Ça me crispe !... c'est anglais, allemand, protestant, tout ce que vous voudrez, mais ça n'est ni français, ni catholique !...

L'ABBÉ. — Ah !... je suis bien content, madame la marquise, de vous entendre faire cette observation... je la fais moi-même continuellement aux enfants et aux gouvernantes, et on n'en tient aucun compte... il est vrai de dire que...

LA DOUAIRIÈRE. — Que les parents disent aussi *le petit Noël !*... eh ! je le sais bien !... c'est une rage de prendre aux autres peuples leurs locutions et leurs usages !... Savez-vous ce que mes petits-enfants avaient imaginé de faire ?... une espèce de fête saugrenue... qui consiste, paraît-il, à attacher en l'air des branches de houx... et puis, tout le monde s'embrasse en passant sous les portes... vous m'entendez bien, monsieur l'abbé, tout le monde !... qu'est-ce que vous dites de ça ?...

L'ABBÉ, *embarrassé*. — Mon Dieu! madame la marquise, je ne dis rien...

LA DOUAIRIÈRE. — Eh bien, moi j'ai dit que je m'y opposais formellement!...

PIERROT, *confidentiellement*. — Ben, bonne m'man... on l'a fait tout de même?...

LA DOUAIRIÈRE, *regardant en l'air*. — Comment, on l'a fait tout de même?

PIERROT, *suivant son regard*. — Oh!... j'dis pas qu'ils ont mis l'houx!... y s'embrassent seulement en passant les portes... c'est-à-dire, y en a qu'j'ai vus s'embrasser...

LA DOUAIRIÈRE. — En passant les portes?... qui est-ce qui s'embrasse en passant les portes?... qui as-tu vu?...

PIERROT. — L'général...

LA DOUAIRIÈRE, *inquiète*. — Le général et qui?... qui?

PIERROT. — La grande dame brune qu'a toujours d'la si belle peau à dîner... (*L'abbé se mouche bruyamment.*)

LA DOUAIRIÈRE. — Madame de Kuraçao!... Ouf!... j'ai eu une de ces peurs!... *(A Pierrot négligemment.)* Et... où le général a-t-il embrassé cette dame?...

PIERROT. — Sur l'cou, que j'crois...

LA DOUAIRIÈRE. — Mais non!... je te demande où ils étaient...

PIERROT. — Ah! bon!... c'est dans la porte d'la serre... hier soir... y passait derrière elle... et puis tout à coup, y s'a baissé dans les p'tits ch'veveux...

L'ABBÉ, *le reprenant machinalement*. — S'*est* baissé... on dit : « S'est baissé dans les petits cheveux... » Répétez? *(Réfléchissant.)* Non... c'est bon!... ne répétez pas... c'est inutile!...

LA DOUAIRIÈRE. — Tu peux aller jouer, Pierrot...

PIERROT. — Oui, bonne m'man!... *(Revenant.)* Mais vous êtes pas fâchée contre l'général, s'pas?...

LA DOUAIRIÈRE. — Mais non... Pourquoi serais-je fâchée contre le général ?...

PIERROT. — A cause de c'que j'vous ai dit... *(Avec conviction.)* Ah! c'est que j'l'aime, moi, l'général !...

LA DOUAIRIÈRE. — Toi aussi ?...

PIERROT. — Oh! oui!... et puis, ça serait pas juste d'lui en vouloir d'ça... y a pas q'lui...

LA DOUAIRIÈRE, *sautant en l'air*. — Comment, il n'y a pas que lui ?... qui donc encore ?... l'aide de camp, je parie ?...

PIERROT. — Non!... l'oncle Jean!...

LA DOUAIRIÈRE. — Jean!... *(Riant.)* Il embrassait ta mère... ou tes tantes ?...

PIERROT. — Pas du tout!... ni m'man ni les tantes!... la dame du général, qu'il embrassait... *(Désignant du doigt madame de Kuraçao, toujours grimpée sur l'échelle.)* Celle-là!...

L'ABBÉ, *se précipitant*. — Pierrot!... je

vous ai déjà dit de ne jamais montrer du doigt... rien n'est plus malhonnête... (*Il veut l'emmener.*)

LA DOUAIRIÈRE. — Monsieur l'abbé!... (*A Pierrot.*) Va-t'en!... Eh bien, monsieur l'abbé, il va pas mal, votre élève?

L'ABBÉ. — Vous me voyez consterné, madame la marquise!... Jean!... mon petit Jean!... un enfant si studieux... si doux!...

LA DOUAIRIÈRE. — Ça n'empêche pas, monsieur l'abbé!... Enfin!... ça devait arriver un jour ou l'autre, n'est-ce pas?...

L'ABBÉ. — Oh! madame la marquise!...

LA DOUAIRIÈRE, *riant à moitié*. — Voyez-vous, ce polisson!... Ah! bien!... il n'est pas en retard, celui-là!...

L'ABBÉ, *navré*. — En vérité, madame la marquise, on croirait que vous ne lui en voulez pas!...

LA DOUAIRIÈRE. — Je lui en veux...

sans lui en vouloir!... certes, je vais le tancer d'importance pour s'être permis... chez moi, de faire des bêtises!... mais, entre nous soit dit, monsieur l'abbé, je serais désolée qu'il n'en fît pas...

L'ABBÉ. — Oh!... madame la marquise, ne dites pas ça!...

LA DOUAIRIÈRE. — Pourquoi donc pas?... (*Arrêtant madame d'Habandon qui passe.*) Arrive un peu ici, toi! j'ai à te parler!... *L'abbé s'éloigne discrètement et retourne à l'arbre de Noël, où sa venue est accueillie par des cris de joie.*

— Ah! monsieur l'abbé, vous revenez nous aider!

— Oui, mes enfants...

— A la bonne heure!... il n'y a que vous qui travaillez sérieusement...

LA BELLE MADAME DE KURAÇAO. — Et moi?...

L'AIDE DE CAMP. — Et moi?...

LE GÉNÉRAL, *qui arrive du fond de la galerie.*
— Et moi?...

CHŒUR DES JEUNES FILLES. — Ah! le général!... Vive le général!...

L'AIDE DE CAMP, *vexé, à part.* — On ne me ferait pas une fête pareille, à moi!... pas de danger!...

LE GÉNÉRAL. — Mademoiselle Catherine, votre pantin descend trop bas!... il va se brûler les jambes aux bougies de l'autre branche!... Mademoiselle Josette, ce nœud rose ne fait pas bien... à côté du jaune, c'est d'un fade!...

— Merci, général!...

— Général, il n'y a que vous qui ayez du goût!...

M. D'ANCOCHE, *bas à Namur.* — Comme c'est agréable pour les autres, tout ça!...

NAMUR, *moqueur.* — Je croyais que les jeunes filles, ça n'était pas votre affaire?...

— Évidemment!... mais enfin, c'est embêtant tout de même d'être relégué à ce point au second plan...

NAMUR, *riant*. — Vous voulez dire au troisième dessous !... Mon Dieu, j'y suis aussi, dans le troisième dessous... mais j'en prends mon parti... il n'y a rien à faire... et voilà !...

M. D'ANCOCHE. — Moi, je lutte... je veux lutter !... j'en suis arrivé à ce point d'effacement que je ne trouve plus rien à dire... ma foi, oui, rien !...

CATHERINE, *reculant pour juger de l'effet*. — Oh !... il est beau, notre arbre !... il est superbe !...

M. D'ANCOCHE, *la bouche en cœur*. — Superbe !... ces gerbes d'or... qui retombent en grappes !... se dressant vers le ciel... (*Catherine rit.*)

LE GÉNÉRAL, *riant aussi*. — M. d'Ancoche qui devient lyrique !... (*L'imitant.*) Les gerbes d'or... qui retombent en grappes... et le ciel... *et cætera* pantoufle !...

M. D'ANCOCHE, *pointu*. — Comment doit-on dire?...

LE GÉNÉRAL. — Je ne sais pas comment on doit dire!... moi, je dirais... au fait, comment dirais-je?... des gros panaches jaunes... qui montent au plafond...

CHŒUR DES JEUNES FILLES. — C'est ça!...

— Tout à fait ça!...

— C'est charmant!...

LE GÉNÉRAL, *avec conviction*. — C'est vous qui êtes charmantes!... *(A part.)* Et pas difficiles!... *(Les regardant.)* c'est gentil, des jeunes filles... bien gentil!... Bah!... je suis un vieux fou!... est-ce que ça me regarde, si c'est gentil?...

CATHERINE, *venant se pelotonner sur un coussin aux pieds de la douairière*. — Grand'-mère... si... un jour... je voulais épouser un militaire... qu'est-ce que vous diriez?...

LA DOUAIRIÈRE. — Un militaire?... *(Illu-*

*minée, à part.)* Patatras !... c'est le bouquet !... *(Haut.)* Tu n'es pas en âge de te marier...

CATHERINE, *étonnée*. — Pas en âge de me marier ?... mais c'est vous-même, grand'-mère, qui me disiez qu'il fallait y songer... vous avez même dit « sérieusement »... oui... y songer sérieusement...

LA DOUAIRIÈRE, *agacée*. — Laisse-moi tranquille !... *(Arrêtant l'abbé qui passe affairé portant un petit Jésus en cire couché dans une crèche.)* Ah ! monsieur l'abbé, nous voilà bien ! Quelle fichue idée j'ai eue de faire un arbre de Noël !...

L'ABBÉ, *ahuri*. — Mais, madame la marquise...

LA DOUAIRIÈRE, *suivant son idée*. — Et d'y inviter un général qui n'est pas encore croulant !...

PAS D'ÉTRANGÈRE!

# PAS D'ÉTRANGÈRE!

## I

— Mon cher enfant, il est absolument inutile de me parler de cela plus longtemps... jamais, moi vivant, tu n'épouseras une étrangère...

Pierre de la Hampe se retourna suppliant du côté de sa mère, espérant une parole rassurante, un encouragement vague. La marquise de la Hampe répondit d'un air triste mais froidement résolu :

— Je suis tout à fait de l'avis de ton père...

— Laissez-moi au moins vous dire son

nom — implora Pierre — peut-être, si vous le connaissiez...

— Je ne veux pas le connaître!... c'est un nom étranger, cela me suffit... j'ai horreur des rastaquouères, moi!...

— Mais, papa, tous les étrangers ne sont pas forcément des ras...

— Si!... sans ça, ils resteraient chez eux... les gens qui n'ont rien à se reprocher restent chez eux!...

— Cependant...

— Comme si nous n'avions pas assez de nos déclassés, à nous, sans ramasser et accueillir ceux qui nous tombent de tous les pays?...

— Mais, papa, la famille dont je te parle est très honorablement connue...

— Laisse-moi donc tranquille!... est-ce qu'une famille étrangère peut jamais être connue honorablement?... des gens sortis on ne sait d'où, et peut-être, d'ailleurs, vaut-il

mieux pour eux qu'on ne le sache pas!...
des fortunes problématiques...

— Papa, l'autre jour, j'ai accompagné chez les Rothschild un des fils qui allait toucher un trimestre de revenu, soixante-dix mille francs...

— Imbécile!... c'était probablement tout ce qu'ils possèdent, ces intrigants!... et on a voulu t'éblouir !... quant à la jeune fille...

— Oh! quant à ça, si tu voulais la voir?...

— J'en serais bien fâché! je la vois du reste d'ici... ta jeune fille!... mal élevée, élégante à côté, ignorante...

— Ignorante!... elle vient de passer tous ses examens!...

— Raison de plus!... c'est quand on est incapable qu'on tient à passer des examens pour faire croire qu'on ne l'est pas!... tu me dis qu'elle a vingt-deux ans, donc elle est déjà fanée...

— Oh! papa… une fraîcheur!…

— Allons donc… ou alors c'est qu'elle est maquillée!… je te parie qu'elle est maquillée!…

— Oh!… si tu ne veux rien entendre?…

La marquise prit la parole à son tour.

— Ton père a parfaitement raison, mon enfant… et je ne te verrais pas sans une vive inquiétude donner ton nom et confier ton honneur à une de ces jeunes filles tapageuses, élevées à la diable, coquettes, dépensières et dont la liberté d'allures est si terriblement inquiétante pour un mari…
— je te le répète, ton père a pleinement raison…

Pas de chance! — pensa Pierre, — voilà la première fois de ma vie que je vois papa et maman du même avis, et il faut que ce soit pour ça!… décidément, tout tourne contre moi!…

— Soit! — dit-il — mais c'est fini!…

ne me parlez plus d'aucun mariage, je ne me marierai jamais !...

M. et madame de la Hampe haussèrent les épaules. Chacun savait par expérience ce que valent ces serments-là.

Bon gré, mal gré, il leur fallut pourtant s'inquiéter; Pierre devenait triste, maigrissait et ne mangeait rien. Le marquis s'était informé au Club, et on lui avait répondu que son fils n'y faisait plus que de rares apparitions; d'un autre côté, le jeune homme ne sortait pas et se couchait, ou du moins rentrait dans sa chambre à dix heures; tout cela était peu naturel. On s'attendait à un incident au moment du départ pour la campagne. Sans doute, Pierre annoncerait qu'il restait à Paris; cette maudite étrangère ! toujours!... Mais il n'en fut rien, il suivit docilement ses parents à Valfleury. Là, par exemple, sa tristesse redoubla et le marquis décréta qu'il fallait à tout prix, sinon le marier, du moins le distraire. Tout l'été on organisa des parties de mail, de pêche, des baignades folles et des cavalcades échevelées; Pierre assistait à toutes ces fêtes, données en son honneur, sans se départir un seul instant d'une raideur correcte, qui dissimulait mal une profonde tristesse et une immense lassitude.

Et Pierre allait avoir trente ans! Les traditions de la famille de la Hampe eussent voulu que depuis cinq ans au moins, la marquise et le marquis fussent entourés d'enfants grimpant aux jambes ou se blottissant dans les jupes; lorsque Pierre était né, son père n'avait que vingt-trois ans!

II

La saison des chasses venait de commencer. Le jour de la Saint-Hubert, le marquis invita comme d'habitude tout le pays à chasser. Il espérait que son fils, obligé de faire les honneurs, serait forcément tiré de sa torpeur. Il y avait précisément beaucoup d'invités chez les châtelains des environs, et la journée de la Saint-Hubert s'annonçait à merveille : les de La Thenu, à eux seuls, amenaient une bande de quinze chasseurs. Ils avaient aux Vieilles-Roches les d'Ancoche, le prince Tumulus, la belle madame O'Ster, et la famille Keesly, composée du père, de la mère, de trois frères et de la sœur, tous charmants.

Les du Hauban et les d'Imbu, le baron Sinaï, les Pondor, enfin tout ce qui était valide dans le département, acceptait comme un seul homme « l'aimable l'invitation ».

Le marquis, superbe sur un magnifique cob gris, était accompagné de sa femme et de son fils. La marquise, encore mince dans son amazone sombre, avait tenu à suivre à cheval; depuis longtemps cela ne lui était arrivé. Pierre, pâle, les yeux brillants, correctement sanglé dans sa livrée vert bouteille, suivait mélancoliquement sur un grand pur sang alezan brûlé.

Il y avait là Saint-Cynnatus, Sangêne, d'Ébrouillard, de La Pane, d'Ancoche, etc.; mesdames de Seyrieu, d'Égyde, de Valtanant, de La Thenu; la « belle madame O'Ster » et la « ravissante madame Saty »; les baronnes Ophyr, Sinaï et de Pondor, les petites de Rirfray, d'Imbu et du Hauban ; mais mademoiselle Polly Keesly éclipsait toutes les autres et, dès qu'elle parut, on ne regarda plus qu'elle.

Blonde, rose, blanche, mignonne sans être frêle, svelte et potelée, avec un visage de bébé éclairé par de grands yeux rêveurs et bons, et par le sourire d'une bouche fraîche, charnue, aux dents éblouissantes, Polly Keesly, moulée dans une amazone noire et coiffée d'un chapeau à haute forme, était adorablement jolie. Sa beauté frappa tout de suite le marquis, fort amateur de jolies femmes ; il se dit que cette blonde Américaine ornerait beaucoup les séries d'automne du Valfleury et ses bals de Paris, et se fit immédiatement présenter à mesdames Keesly par M. de La Thenu. Très bien conservée et fort désirable encore, la mère était l'exacte reproduction de la fille, avec une vingtaine d'années et pas mal d'embonpoint en plus; d'ailleurs aimable et comme il faut.

Le père et les fils, de grands diables roux, velus comme des fauves, avec des teints de coucher de soleil et des yeux glauques, bâtis comme des hercules et découplés comme des singes, montaient vigoureusement d'admirables chevaux qui ressemblaient à des bêtes sauvages et même un tantinet féroces.

— Quelle belle famille! — dit la marquise avec admiration en se retournant vers son fils, toujours indifférent et immobile à côté d'elle — vois donc, Pierre, cette jeune fille est divinement jolie!

Pierre sourit dédaigneusement et ne répondit pas; sa mère le regarda avec stupéfaction.

— Tu ne la trouves pas jolie? — demanda-t-elle encore.

— Mon Dieu, je la trouve comme toutes les jeunes filles!...

— Toutes les jeunes filles qui ne sont pas

ta rastaquouère? — dit la marquise avec humeur.

— Précisément! — répliqua-t-il d'un ton glacial; et, comme on sonnait le laisser-courre, il s'éloigna au galop, pour rejoindre son père qui lui faisait signe de venir lui parler.

En attendant le lancer, qui devait donner le signal du véritable départ, tous les cavaliers cherchaient, par de savantes manœuvres, à se rapprocher de Polly Keesly. Déjà d'Ébrouillard avait trouvé moyen de se faire présenter; Saint-Cynnatus, pétrifié d'admiration, planté à quelques pas de la jeune fille, la contemplait bêtement de son œil cuit, qu'il s'efforçait de charger d'effluves magnétiques.

Le gros baron Sinaï et le beau marquis Iibaccio se faufilaient en décrivant des sinuosités de Peaux-Rouges, à travers le gros des cavaliers, espérant se trouver près de la petite Américaine lorsque retentirait la sonnerie; miss Polly trompa l'attente de tous.

Voyant que la marquise, un peu désorientée par le train, restait seule en arrière du peloton, la jeune fille retint son cheval impatient de partir et s'alignant à côté d'elle, lui demanda de sa voix douce, dans un français parfaitement pur :

— Me permettez-vous de rester près de vous, madame?

La marquise, enchantée, regarda sa mignonne compagne avec étonnement. « Une jeune fille polie!... polie pour une femme mûre!... » Jamais elle n'avait vu pareille chose!

Sa surprise augmenta encore lorsqu'elle causa avec Polly. Justement, le cerf faisait des changes continuels et la chasse allait lentement; on pouvait causer tranquillement, comme dans un salon. Miss Keesly était gaie, spirituelle, tout à fait gentille et bonne enfant; pas l'ombre de pose; des réflexions sérieuses, présentées sous une forme légère; une instruction réelle; avec cela montant à cheval comme un petit centaure et passant les obstacles avec une merveilleuse adresse et une prudence intelligente. Quelle différence avec ces casse-cou de petites de Rirfray, et cette folle de madame O'Ster!... Et la marquise cherchait des yeux son fils, souhaitant de tout son cœur qu'il remarquât cette charmante enfant; il lui semblait qu'elle la connaissait depuis longtemps; Polly réalisait vraiment son type de jeune fille.

Le marquis n'était pas moins enthousiasmé. La petite miss l'avait complimenté sur son cob gris; non pas un compliment banal, non!... une remarque juste et nette, prouvant qu'elle comprenait et appréciait à sa valeur l'excellent animal pour lequel M. de la Hampe avait un culte.

Puis il était émerveillé de voir à quel point cette petite Américaine « connaissait » la chasse, la vieille chasse française, la seule que lui appréciât. Elle éventait les ruses de la bête de chasse et savait la forêt par cœur ; depuis quinze jours seulement qu'elle était aux Vieilles-Roches, elle l'avait parcourue en tous sens et les moindres sentiers paraissaient lui être familiers.

III

Le prince Tumulus partageait l'admiration générale, il s'était rapproché de Polly et la dévorait des yeux, à la profonde désolation de mesdemoiselles du Hauban et de madame d'Égyde.

Le prince Tumulus a quarante ans, cinq cent mille livres de rentes et encore plus de prétentions; un physique acceptable; beaucoup de tenue, et un certain bagout; il est naturellement le point de mire de toutes les filles ou veuves à marier. Les prévenances dont la jeune fille était l'objet furent aussitôt remarquées et commentées, non qu'elle semblât les encourager en rien, mais parce que les délaissées lui en voulaient d'attirer à elle, même inconsciemment, des hommages qu'elles considéraient comme leur étant dus.

Polly, elle, regardait à peine le prince et ne l'écoutait pas du tout. En vain cherchait-il à mettre toute son âme dans ses yeux et dans sa voix, la petite miss s'occupait de son cheval, de la chasse, des obstacles, des piqueux et des chiens, mais pas le moins du monde de son cavalier servant. Cet être terne et roucoulant, qui se collait à sa botte et lui murmurait à l'oreille des phrases banales comme des romances, commençait même à l'énerver singulièrement, mais elle avait beau pousser le train, le prince tenait bon et la suivait tant bien que mal.

Comme le cerf venait de déboucher dans une immense prairie coupée par une rivière assez large, Polly, espérant enfin semer son tenace compagnon, courut droit sur l'obstacle, que tous les autres chasseurs avaient tourné sans le sauter ; elle tambourina vigoureusement son cheval et parvint à le lui faire franchir, grâce à la vitesse ; puis, lorsqu'elle eut passé, elle se retourna pour voir de quel côté prenait le prince, se promettant bien de prendre du côté opposé. Elle s'arrêta effarée ; il arrivait, n'ayant pu se décider à la quitter ; il arrivait doucement, sagement, laissant bercer par un bon petit galop de santé son embonpoint déjà assez marqué ; d'un coup d'œil la petite miss jugea qu'il lui était impossible d'enlever à cette allure une rivière aussi large.

— Marchez, — cria-t-elle, voyant venir la chute, — mais marchez donc !

Le prince adressa à son hack deux appels de langue, destinés à l'activer, tandis qu'il le retenait instinctivement de toutes ses forces, s'attachant lourdement à la bouche, les jambes crispées aux flancs ; le cheval, arrivant ainsi rassemblé sur la rivière, n'accusa même pas le saut dans une foulée plus longue ; il piqua juste au milieu de l'eau et tomba debout sur ses quatre jambes, sans verser, mais ayant le dos complètement recouvert par l'eau ; là il s'arrêta court, et regardant autour de lui, renifla bruyamment l'air ; puis il se mit à contempler l'eau d'un œil tendre, allongeant son cou, semblant se frotter contre une chose invisible.

— Prenez garde ! — cria Polly qui se tordait de rire, — prenez garde, il va se rouler !...

— Se rouler ! — murmura le prince consterné.

— Mais oui !... Tapez dessus, faites-le sortir de là !...

Et il tapa désespérément à la seule place où il put taper, la tête ; mais le résultat fut d'obtenir une effroyable ruade.

Cette ruade dans l'eau aspergea complètement le prince qui ahuri, aveuglé, douché, pris d'une peur atroce et irraisonnée, descendit brusquement, oubliant qu'il était dans une rivière profonde d'un mètre cinquante. La gaieté de la petite miss ne connut plus de bornes, surtout lorsqu'elle vit le cheval, tout joyeux et allégé, s'élancer hors de l'eau et filer comme un trait dans la direction de la forêt.

Lorsqu'il passa près d'elle, elle pouvait facilement l'arrêter, elle n'avait qu'à allonger le bras; mais elle s'en garda bien; en le laissant passer, elle se débarrassait de son compagnon. En voyant détaler son cheval, le prince poussa une exclamation douloureuse, tandis que Polly, rendant la main, partait dans la même direction en disant à travers un dernier éclat de rire :

— Je vais tâcher de vous le ramener !

Coupant court, elle marcha vers la grande avenue où elle entendait la voix des chiens ; bientôt, elle aperçut le cheval ; il avait repris son petit galop de manège et rafraîchi, ragaillardi par son bain, il bondissait, changeait de pied, croupionnait légèrement, avec cette gaieté d'allure que donne au cheval qui vient de se débarrasser de son cavalier la satisfaction du devoir accompli.

IV

Mais tout à coup Polly pressa le pas ; le marquis de la Hampe venait de sortir du taillis et se mettait à la poursuite du cheval ; elle n'y tint pas :

—Laissez-le !—dit-elle,—je vous en prie !...

Et comme le marquis s'arrêtait interdit, elle le rejoignit et lui expliqua en riant de tout son cœur ce qui venait de se passer.

— Mais, — demanda-t-il étonné — pourquoi m'avez-vous empêché de reprendre le cheval ?... Ce pauvre Tumulus est là-bas, trempé et à pied...

— Précisément, il se refroidirait à cheval !... nous allons envoyer une des voitures le recueillir... si vous saviez !... il me gâtait ma journée... il était toujours là, près de moi, me racontant sa fortune, ses goûts !... Oui !... je sais qu'il n'est pas joueur... qu'il ne porte pas de flanelle et qu'il n'est pas jaloux !... Ce que je sais aussi, sans qu'il me l'ait dit, c'est qu'il est bien ennuyeux !

La gaieté de la jeune fille gagnait le marquis. Il trouvait qu'elle avait eu parfaitement raison de se débarrasser du prince, et il admirait ce désintéressement bizarre, si rare chez les jeunes filles modernes, aux yeux desquelles la fortune est généralement tout et le mari rien.

La voix de d'Ébrouillard le sortit de sa rêverie :

— Allons donc !... — criait-il de toutes ses forces, — la bête est à l'eau !... ce serait la première fois que vous manqueriez l'hallali, monsieur de la Hampe !... Pierre vous cherche partout et tout le monde réclame la présence de mademoiselle Keesly, sans laquelle la fête ne sera pas complète!

— Marchons! — répondit le marquis, et, voyant que Polly restait en arrière :

— Venez donc, mademoiselle, je désire vous remettre le pied... vous l'avez bien gagné !...

— Ne faites pas ça, — dit gentiment la jeune fille, — je suis, moi, une étrangère, une intruse ; le pied doit être donné à une des femmes qui chassent habituellement avec vous... elles seraient, avec raison, froissées de cette préférence qui me touche infiniment, je vous assure, mais que je ne mérite à aucun titre...

— Décidément, — pensa le marquis, — c'est un amour, cette petite !

Rejoignant la chasse, — il offrit distraitement le pied à la belle madame O'Ster.

Quant à madame de la Hampe, fatiguée

au milieu de la journée, elle était montée dans la voiture de madame de La Thenu. Là, elle avait appris que miss Polly Keesly était fille d'Américains naturalisés et qu'on lui donnait un million de dot. Sa famille était très honorablement connue.

Et la marquise se sentait prise de colère contre son fils, qu'elle apercevait de temps à autre à travers la futaie, galopant derrière les chiens d'un air indifférent et lassé, sans accorder un regard à cette ravissante jeune fille que le ciel se donnait la peine de poser sur sa route.

Le résultat de toutes ces réflexions fut que le marquis, affirmant à son fils que son cheval avait un fer qui ne tenait plus, le força presque à rentrer en voiture avec sa mère et lui. Dès qu'ils furent en route, M. de la Hampe aborda carrément la question.

V

— Pierre, mon enfant, tu nous fais, en refusant de te marier, une peine immense?...

— Je le regrette infiniment, mais je suis décidé à ne pas me marier...

— Cependant... as-tu remarqué aujourd'hui miss Keesly?

— Remarquée?... non!

— Tu ne l'as pas vue?

— Si... pourquoi?...

— Parce que nous trouvons, ta mère et moi, que c'est exactement la femme qu'il te faut...

— Allons donc!... une étrangère?...

— Mais...

— Une étrangère!... — la fille d'un de ces rastaquouères que vous avez en horreur?...

— Permets... les Keesly ne sont pas des ras...

— Si!... sans ça, ils ne seraient pas ici! les gens qui n'ont rien à se reprocher restent chez eux!...

— Pourtant...

— Comme si nous n'avions pas assez de nos déclassés à nous, sans ramasser ceux qui nous tombent de tous les pays!...

— Je te dis que cette famille est honorablement connue...

— Laisse donc!... Est-ce qu'une famille étrangère peut jamais être honorablement connue?... des gens sortis on ne sait d'où!... et d'ailleurs peut-être vaut-il mieux encore qu'on ne sache pas d'où?...

— Une fortune superbe, m'a dit La Thenu...

— Allons donc!... qu'est-ce qu'il en sait?... ce sont eux qui le lui ont dit, n'est-ce pas?

— Une jeune fille adorable... un bouton de rose...

— A moins qu'elle ne soit maquillée !... je jurerais qu'elle est maquillée, moi !

— Tais-toi... je te défends de parler ainsi!... c'est un bijou, cette enfant-là !... — et simple, et douce, et modeste... et désintéressée, et gentille... elle a laissé Tumulus dans l'eau exprès!... un homme que toutes les femmes s'arrachent!... eh bien, elle, elle se moque de lui!... et elle monte à cheval!... c'est admirable à voir!... enfin, une femme accomplie!...

M. de la Hampe, une fois lancé, continua longtemps sur ce ton, insistant non seulement sur la beauté et les mérites de miss Polly, mais sur sa famille, sa fortune, sa position. Pierre le laissait dire. Enfin, quand à bout d'arguments, son père se tut, il lui sauta au cou.

— Ah! — cria-t-il, — tout ce que vous me direz d'elle n'est rien auprès de ce que j'en pense moi-même, car c'est elle, papa, c'est elle!!!

— Qui ça, elle?...

— Elle que je veux épouser, parbleu!... je lui avais bien recommandé de venir aux Vieilles-Roches pour la Saint-Hubert!... j'étais sûr que quand vous l'auriez vue, vous donneriez votre consentement!...

# JOSEPH

# JOSEPH

## I

Nous aimions beaucoup Joseph !... La vue de sa grosse figure vulgaire et bête nous réjouissait et, chaque matin en montant dans l'omnibus, nous lui lancions — malgré la défense du règlement — un retentissant bonjour auquel il répondait, toujours malgré le règlement qui lui interdisait formellement « d'adresser la parole aux élèves ». Joseph était le cocher de l'omnibus qui nous conduisait au couvent des *Dames grises*, situé à six kilomètres de X..., une des plus jolies villes de l'Est et des plus importantes places militaires de la frontière.

Tous les matins, à six heures en été, à six heures et demie en hiver, le grand omnibus rouge, long comme un corridor, descendait à fond de train la rue des Bénédictins, caboté sur les pavés pointus, secouant épouvantablement mademoiselle Aspasie (la postulante chargée de surveiller les demi-pensionnaires), passait sous ce que ladite mademoiselle Aspasie appelait « l'arche de triomphe » et, décrivant une courbe peu savante (Joseph n'était pas un fin cocher), venait s'arrêter devant le vieux portail voûté de l'ancien hôtel des Pages. Joseph soufflait alors éperdument dans un instrument bizarre et enroué dont le son strident éveillait tous les habitants de la place Ducale, et j'apparaissais les yeux bouffis de sommeil, courant sous la grande voûte sombre, m'arrêtant à chaque pas pour ramasser les livres et les cahiers qui s'égrenaient, tombant du sac d'écolier mal bouclé sur mon dos.

J'étais « la première course » de l'omnibus !... Aussi, eu égard à l'heure terriblement matinale, Joseph — malgré les protestations de mademoiselle Aspasie — stationnait quelquefois un peu au delà des trois minutes réglementaires; souvent aussi, le général de brigade (la moitié de la maison appartenait au génie qui y logeait le général), éveillé en sursaut par le cor de Joseph, se précipitait à la fenêtre et invectivait le cocher sans aucun respect pour les pieuses oreilles de mademoiselle Aspasie; le factionnaire se tordait dans sa guérite et Joseph répondait avec l'accent alsacien qui faisait le plus grand charme de sa conversation :

— Mante pien barton, mon chénéral, mais chai tes ortres ; vaut que che corne bour abbeler la bedide !

Le général continuait à pester, affirmant qu'il était fou de faire lever « un crapaud de treize ans à pareille heure », et refermait sa fenêtre en me criant de sa grosse voix devenue tout à coup affectueusement bourrue :

— Bon voyage, petite voisine !

Habituellement je m'arrêtais sur le trottoir et, le sac au dos, les talons serrés, esquissant le salut militaire que je voyais faire aux plantons de garde, je répondais à tue-tête : « Merci, mon g'ral ! » Puis je m'allongeais, me hissant comme un singe sur le haut marchepied, et m'asseyant essoufflée en face de mademoiselle Aspasie que ce départ accidenté horripilait, je lui disais avec mon plus gracieux sourire : « N'est-ce pas qu'il est aimable, le général ? » et mademoiselle Aspasie, tirant de sa poche profonde un petit livre recouvert d'une housse de laine noire luisante et crasseuse, me répondait de sa voix de crécelle :

— Je vous marque un point pour vous être fait attendre et un autre pour avoir enfreint le silence prescrit !...

Quand j'avais des leçons à apprendre, je m'engouffrais le nez dans un livre et je ne répondais pas, mais les jours où je n'avais rien à faire, je protestais avec énergie :

— Comment, vous me marquez ?... c'est parce que j'ai dit que le général était aimable, alors ?... quand je parle pour vous demander des nouvelles de votre fluxion (mademoiselle Aspasie avait presque toujours une fluxion), pas de danger que vous me marquiez !...

— Je vous marque une seconde fois... ça fait trois points...

Mais tout m'était égal, j'étais lancée !... je remuais, je fredonnais, encouragée par l'attitude de Joseph qui, l'été, lorsque la grande glace du fond était baissée, se retournait sur son siège et me montrait sa bonne face encore élargie par un sourire fendu et bienveillant.

A la porte de chaque élève, une scène

analogue se renouvelait. Quelques-unes étaient beaucoup plus en retard encore que moi ; alors, inexorable, mademoiselle Aspasie enjoignait à Joseph de se remettre en route. Il obéissait, mais partait au tout petit trot et, dès que l'élève qui apparaissait à l'horizon courant à perdre haleine suivie d'une bonne échevelée lui était signalée par un coup de poing que nous lui donnions dans le dos, il trouvait toujours un trait à raccourcir ou une gourmette à desserrer pour laisser à la retardataire le temps de rejoindre.

Et l'hiver !... lorsque, le nez bleu et les lèvres gercées, je sortais de la grande voûte toute noire, Joseph me disait à demi voix :

— Chai gaché une ponne prique jaude tans la baille... ne le tites bas à Spasie !...

« Spasie », c'était mademoiselle Aspasie qu'il appelait ainsi cavalièrement ; si elle se fût doutée de cela, Seigneur !... notre pauvre Joseph eût passé un mauvais quart d'heure.

Il était d'ailleurs familier, Joseph ! il nous appelait toutes par nos prénoms et, pour ne pas être en reste de camaraderie, nous avions pris l'habitude de le tutoyer: c'était attendrissant ! N'importe, nous étions vraiment touchées de ses bons procédés et quand nous nous passions silencieusement « la bonne brique chaude cachée dans la paille », nous pensions à notre cocher avec une profonde reconnaissance. Parfois, pendant les récréations, nous nous faufilions en cachette près de Joseph qui travaillait au jardin tout le temps où ses chevaux ne l'occupaient pas, et nous lui disions quelques mots à la hâte. C'est ainsi que nous lui donnions ses étrennes, ses œufs de Pâques... etc... Les Dames grises avaient prié les parents de ne jamais rien offrir au cocher qui était, — disaient-elles, — très grassement payé. Or, les parents jugeant que c'était un peu sec, avaient trouvé ce moyen terme de donner à Joseph, sans lui donner ouvertement dans l'exercice de ses fonctions.

Un jour, nous étions cachées dans les framboisiers, — pendant la saison des framboises, on jouait beaucoup à la cachette; — à quelques pas de nous, Joseph parlait à la supérieure; elle semblait agitée, lui, il pleurait; elle le congédia d'un geste; il passa près de nous et nous dit rapidement:

— Che suis renfoyé!...

Renvoyé, lui?... et pourquoi?... qu'est-ce qu'il avait bien pu faire?... nous étions atterrées!... Parler à Joseph, dans ces conditions surtout, c'était risquer des punitions terribles! mais, nous voulions savoir?... on tira au sort; le sort me désigna. Profitant d'un moment où la maîtresse de récréation avais le dos tourné, je m'élançai dans l'écurie. Joseph continuait à pleurer comme un veau en remuant à coups de fourche la litière dans laquelle ses chevaux disparaissaient jusqu'au ventre ; je demandai :

— Qu'est-ce que tu as fait ?

— Chai rien vait...

— Alors, pourquoi te renvoie-t-on ?

— Bourquoi ?... Barce que che suis chuif... et foilà !...

Je reculai saisie, terrifiée !... je m'attendais à tout excepté à cela et je répétai machinalement, sans même savoir ce que je disais :

— Juif !... Ah ! mon pauvre Joseph !... mon pauvre Joseph !...

— Oui, — continua Joseph, — on me chasse gomme un foleur .. et chai rien... bas un sou d'égonomies !...

— Combien gagnes-tu ici ?...

— Drois cent cinquande vrancs...

J'étais très émue.

— Écoute, mon pauvre Joseph, nous

allons tâcher de te donner quelque chose...
pas trois cent cinquante francs, bien sûr !...
nous n'aurions pas une somme pareille...
mais enfin ce que nous pourrons...

Le visage de Joseph s'illumina.

— Oh !... ma ponne bedide Andoinette !...
— s'écria-t-il en s'avançant vers moi les mains tendues.

Instinctivement, je mis mes mains derrière mon dos ; Joseph ne parut pas s'en apercevoir.

— Où pourrons-nous te voir demain ?...

— Che fous gontuis engore le matin, le soir ça sera blus moi !...

Et il se remit à pleurer de plus belle ; je me sauvai en courant, j'avais envie de pleurer aussi. Les demi-pensionnaires furent stupéfaites d'apprendre la cause du renvoi de Joseph.

— Comment !... mais il a un nez retroussé !...

— C'est inouï !...

— Mon Dieu !... quand on va savoir ça à la maison... maman sera fâchée !...

Timidement, je proposai de faire une petite collecte pour Joseph ; toutes acceptèrent, annonçant la somme dont elles pouvaient disposer.

— Moi, j'ai six francs !...

— Moi, vingt-sept !

— Moi, seize francs cinquante !...

Et ainsi de suite.

Je ne disais plus rien !... c'est que je ne connaissais pas au juste le chiffre de ma fortune, mais je savais bien qu'il ne devait pas être élevé. J'avais trois passions qui me ruinaient : les livres, les pauvres et les fleurs. Je ne pouvais voir un livre sans avoir envie de l'acheter ; je lançais par les fenêtres de la maison ou les glaces de l'omnibus des poignées de sous aux pauvres ahuris, et tous les petits marchands de bouquets de la place Ducale accouraient à ma rencontre du plus loin qu'ils m'apercevaient, ou m'assiégeaient le soir à la descente de l'omnibus. En ce moment, j'avais dans ma poche une pièce de deux francs et huit « *gros sous* ». A la maison, je ne devais pas avoir beaucoup plus !...

Je ne cessai de ruminer jusqu'au soir pour imaginer un moyen de me procurer de l'argent. C'était moi qui avais eu l'idée de la collecte, je ne pouvais pas donner moins que celle qui donnait le plus; et Lucy donnait vingt-sept francs !... elle l'avait dit !... j'avais la fièvre !

— Bah ! — pensai-je affolée, — si je ne trouve rien, je donnerai ma montre !... je dirai que je l'ai perdue !... elle est en or, elle a deux boîtes, huit trous en rubis, une chaîne !... elle vaut bien toujours vingt-sept francs !...

A table, je fus contre mon habitude tellement silencieuse et absorbée, que l'oncle Albert, mon parrain, s'en aperçut.

— Qu'est-ce que tu as, Toinon?... tu n'es pas malade?...

— Non, mon oncle...

— Enfin, tu n'es pas dans ton assiette... tu as quelque chose?...

— Joseph s'en va!

— Qui ça, Joseph?... votre cocher des Dames grises?

— Oui, mon oncle...

— Pourquoi s'en va-t-il, cet imbécile-là?...

— Parce qu'on le chasse!... — dis-je les larmes aux yeux.

Mon oncle remarqua mon émotion et, voulant diminuer mes regrets :

— Si on le chasse ainsi brusquement, c'est qu'il a fait quelque chose de très grave... il a peut-être volé?

J'ouvrais la bouche pour faire connaître

le motif du départ de Joseph, mais je m'arrêtai court, sans trop savoir pourquoi.

Le dîner finissait. L'oncle Albert m'emmena avec lui dans la bibliothèque.

— Toinon, — me dit-il, — qu'est-ce que je vais te donner pour ta fête?

Ma fête!... je l'avais oubliée!...

— Voyons, — poursuivit mon oncle, — veux-tu une robe?... aimes-tu mieux un chapeau?... ou un bijou?... ou même un jouet?... allons, dépêche-toi de te décider?... de quoi as-tu envie?...

C'est ainsi qu'il m'avait donné un âne « vivant »!... un chien, des poissons japonais, une collection de tulipes, et ma montre!... la montre que j'étais prête à abandonner pour vingt-sept francs!...

La joie m'avait coupé la parole.

— Hein!... veux-tu une robe? — répéta mon oncle.

— Oh! mon oncle, des robes, on m'en donne, alors...

— Veux-tu un animal quelconque?... tes parents pousseront des cris de paon... mais enfin!... voyons, dis ce que tu veux, afin que je sache combien il faut te donner?

Le chien avait coûté soixante francs, les poissons cinquante, l'âne trois cents; je n'osais pas demander une chose aussi coûteuse que l'âne!... je n'avais d'ailleurs qu'une idée assez vague de la valeur des objets qui n'étaient pas « mes spécialités ». Je savais le prix des reliures de toutes sortes, des éditions rares, des gravures anciennes; je savais aussi combien de violettes il y a en décembre dans un bouquet de six sous, mais je ne savais que ça!... je me décidai à parler:

— Eh bien, oncle Albert, j'ai envie d'un Corneille!... un Corneille qui est chez le libraire de la place Ducale... il est très beau!... avec des gravures!...

— Un Corneille!... c'est une drôle d'idée!... tu en as déjà un?...

— Il est si beau, celui-là!...

— Soit!... combien, ton Corneille?...

— Je ne sais pas...

— Mais enfin... voyons, trois louis,... est-ce assez?...

— Il est en veau, mon oncle!...

Et tandis que l'oncle cherchait dans son porte-monnaie, j'ajoutai d'une voix flûtée :

— En veau plein, oncle Albert!...

— Tiens!... voilà six louis!.... si c'est plus cher, ta mère me le dira...

J'entrevis des abîmes!...

— Si ça vous est égal, mon oncle... n'en parlez pas, du Corneille?... parce qu'on dira que c'est trop beau pour moi... que c'est ridicule!... on m'empêchera de l'acheter...

— C'est bon!... je ne dirai rien!... va te coucher!...

— Merci, mon oncle...

— Va te coucher, je te dis!... tu me remercieras plus tard!...

Je nouai l'argent dans un coin de mon mouchoir et je le fourrai sous mon oreiller. Le lendemain, quand on se passa « sans avoir l'air », les offrandes dans l'omnibus, j'allongeai fièrement mes six louis ; je rayonnais!... Lucy compta la somme ; nous étions vingt-deux et il y avait quatre cent trois francs ! Plus d'une année de gages de Joseph !...

En sortant de l'omnibus, au moment où la grande porte s'ouvrait pour nous laisser entrer dans le préau, je grimpai sur la roue et je glissai dans la main du cocher le mouchoir qui contenait l'argent.

— Qu'est-ce que vous faites?... êtes-vous folle ? — cria mademoiselle Aspasie en me secouant le bras.

— Moi ?... pas du tout !...

— Pourquoi grimpez-vous sur ce siège ?..

— Pour donner une poignée de main à Joseph, donc!...

Les internes, rangées sur deux rangs pour passer dans la salle d'étude, me regardèrent avec dégoût!!!

## II

Au mois de décembre 1870, la Seine-Inférieure était ensevelie sous la neige et occupée par les Allemands. J'étais chez « l'oncle Albert », dans un château au bord de la mer. On logeait le colonel et six officiers d'un régiment de la garde, une trentaine d'hommes et autant de chevaux. Le reste du régiment était disséminé dans le village et les châteaux voisins. Les deux fils de mon oncle étaient soldats : l'un dans la mobile enfermée dans Paris ; l'autre engagé à l'armée du Mans, massacrée ou perdue dans les neiges. De celui-ci on était absolument sans nouvelles. Le colonel allemand lui-même avait écrit pour savoir s'il était prisonnier; nulle part on ne retrouvait sa trace, ni celle de l'escadron d'éclaireurs (formé des débris de plusieurs régiments) auquel nous savions qu'il appartenait. Mon oncle ne pouvait quitter sa femme malade et sa maison occupée par l'ennemi; il fut donc décidé que j'irais au Havre, où peut-être le commandant de place pourrait nous renseigner.

Le voyage de X... au Havre fut atroce. Tous les domestiques valides avaient été pris par la mobilisation et le vieux valet de chambre qui m'accompagnait ne savait pas conduire. Il fallut faire ces quinze lieues en phaéton, conduisant moi-même par dix degrés de froid un cheval insupportable tirant à pleins bras.

Au Havre, j'eus de rassurantes nouvelles, et pressée de les rapporter je revins en courant à l'hôtel.

— Il faut atteler, — dis-je au valet de chambre effaré, — nous repartons ce soir.

— La nuit ?...

Le pauvre bonhomme avait une peur bleue ; cette peur s'accentua quand il se vit en rase campagne, au milieu de ces grandes plaines toutes blanches de neige.

Nous marchions depuis une heure environ sans rencontrer un être vivant, quand tout à coup, un homme se dressa sur la route et demanda avec un accent allemand très prononcé :

— Pourriez-fus m'intiquer la route d'Yvedot, s'il fus blaît ?...

Je pensais que c'était un soldat allemand ; mais la lanterne l'éclairant, je vis un malheureux, pâle, sordidement vêtu, couvert de neige et de glaçons ; je demandai :

— Vous êtes étranger ?

— Non, Alsacien...

— Vous allez à Yvetot ?

— Oui... bour aller à Cany,... et même blus loin que Cany... sur la côte...

— Et vous ferez ça à pied ?...

— Faut pien !...

Je fut prise de pitié.

— Montez, je vais vous conduire !...

— Oh ! matame !... que fous êtes ponne !

Il allait monter derrière, près du domestique ; je me retournai et j'aperçus la mine effarée du pauvre bonhomme, ses dents claquaient.

Je fis monter l'Alsacien à côté de moi.

Il me raconta qu'il venait de Seine-et-Oise... que Paris ne tiendrait plus deux jours... il semblait très au courant de bien des choses et s'exprimait assez facilement malgré son accent. Je l'écoutais, cherchant sans m'en rendre compte, où et dans quelles circonstances j'avais entendu autrefois une voix et un accent absolument semblables.

A huit heures du soir, nous arrivions à Yvetot; je m'arrêtai à une auberge pour laisser souffler le cheval et dîner.

J'étais morte de froid et, comme je m'approchais de la grande cheminée de la salle où on allait nous servir (fraternellement, à la même table), l'Alsacien me dit :

— Fus allez fus faire mal !... vaut bas se chauffer dout t'un goup !..

Je le regardai et cette fois encore, je fus surprise. Il me semblait que j'avais déjà vu ces traits tirés par la fatigue ou la misère. Ce gros nez écrasé, ces gros yeux bleus, ces grosses lèvres lippues m'apparaissaient comme d'anciennes connaissances, mais dans un visage rouge et joufflu. Où avais-je donc rencontré une figure toute pareille à celle-là? On apporta une soupe aux choux, une vraie soupe normande qui embaumait; je mourais de faim, mais le froid me paralysait ; je me levai :

— Je ne peux pas manger, j'ai trop froid !... aux pieds surtout !...

L'Alsacien, qui avalait voracement sa soupe se leva aussi et allant vers la cuisine...

— Attentez, — me dit-il, — je fas fus faire tonner une ponne prique jaude !...

Je restai pétrifiée.

— Joseph !!! — criai-je — mon pauvre Joseph !... comment !... c'est toi !... je savais bien que je connaissais ta tête !...

Il s'arrêta, indécis, ahuri. Quant au vieux valet de chambre de mon oncle, il me regardait avec stupeur.

Joseph m'examinait attentivement.

— Est-ce que ?... mais oui !... la bedide Andoinette !...

Et, les larmes aux yeux, il se précipita sur mes mains, répétant :

— Fus ! c'est fus qui m'afez borté ponheur !... Fus safez pien, l'archent ?... il m'a borté ponheur !...

— Ma foi, mon pauvre Joseph — dis-je en le regardant, — à te voir, je ne l'aurais pas cru!...

Il devint très rouge.

— Che ne suis pas si baufre que fus groyez... Et fus?... fus êtes mariée?... Gomment que fus fus abbelez?...

— Madame de X***.

Joseph tressaillit.

— Fus êtes barente au comte de X*** qui hapite au château de X...?

— Je suis sa nièce, et c'est chez lui que j'habite depuis le commencement de la guerre... mais comment toi, qui n'es jamais venu dans ce pays-ci, connais-tu mon oncle?...

— Oh!... — dit Joseph d'un ton un peu embarrassé, — che ne le gonnais bas!... ch'ai seulement endendu barler de lui et de son château...

— Où ça?...

— Au Hafre...

Quand je partis, Joseph me remercia avec effusion ; il ne continuait pas sa route ; il se décidait à rester un jour à Yvetot. Il cherchait à avoir des nouvelles de son frère, qui avait dû être envoyé à l'hôpital... il ne savait pas où... il verrait le sous-préfet, etc..., etc...

— Lequel de tes frères est malade ?

— Le seul... che n'en ai qu'un...

— Comment !... les dix autres sont morts ?...

Et comme il me regardait d'un air abruti :

— Oui... aux Dames grises, tu nous disais que tu avais onze frères qui ne t'aimaient pas... que tu avais quitté l'Alsace à cause de ça ?...

Le cheval s'impatientait, grattant la neige ; je partis sans attendre la réponse de Joseph.

Le lendemain, au moment où nous sortions de table, un des officiers s'approcha du colonel et lui dit en allemand :

— Monsieur le colonel, Rabb est là !...

— Ah ! — s'écria le colonel, — enfin !... il a mis le temps à arriver !... qu'il vienne me parler...

— Monsieur le colonel, il vous supplie de ne pas le faire entrer au château...

Et l'officier ajouta, me désignant de l'œil :

— Il est connu de madame de X***.

Je regardais tomber la neige en tapotant d'un air indifférent sur les carreaux de la porte du vestibule. Comme les officiers parlaient français aussi bien que nous, j'avais évité de leur apprendre que je comprenais un peu l'allemand.

— Comment, — dit le colonel étonné, — la petite dame connaît cette canaille de Rabb !... Où est-il ?

— Là, dans une remise...

Le vieux colonel prit sa casquette et sortit

sous la neige, suivi de l'officier. J'avançai sur le perron et je l'aperçus en conférence avec Joseph; l'officier attendait respectueusement à quelques pas.

Lorsque le colonel monta à son appartement, je l'arrêtai dans l'escalier :

— Monsieur, je voudrais vous demander quelque chose?

— Je suis à vos ordres...

— Dites-moi ce qu'est venu faire ici l'homme auquel vous parliez tout à l'heure?...

— Ah!... vous l'avez vu?

— Oui...

— Mon Dieu... c'est un individu qui... qui nous apporte des... renseignements...

Et le vieux colonel ajouta en souriant :

— Pour ne pas vous mentir, ma petite dame, c'est ce que vous appelez en français un espion!...

## III

Dimanche dernier, aux courses, un gros bookmaker rouge, en pardessus clair, aux mains gonflées et luisantes couvertes de bagues, avait maille à partir avec les agents; ceux-ci, agissant avec leur douceur habituelle, le houspillaient fortement; nous nous étions arrêtés pour assister à la lutte, si bien que, quand le bookmaker fut enfin lâché par la force armée, il vint presque tomber dans nos bras!

— Si c'est bas une intignité! — dit-il tout haletant, rajustant ses manchettes chiffonnées. Levant le nez pour nous prendre à témoin, il m'aperçut, resta un moment indécis puis s'écria en s'élançant vers moi :

— Ah !... c'est fus !... Ah !... que che suis gontent !... pien gontent !... car fus savez, che suis riche... drès riche... et c'est avec fos quatre cents vrancs que ch'ai gommencé !...
Et comme, interdite, je ne répondais pas, il reprit :

— Fus ne me regonnaissez bas ?... che suis Choseph... Choseph « pur fus seulement » !...

Tout le monde riait ; j'aurais voulu être loin !

C'était bien Joseph en effet, transformé cette fois en bookmaker ; non pas le bookmaker simple et effacé, mélange de lad et de notaire, mais le bookmaker rastaquouère, habillé de couleurs criardes et ruisselant de bijoux.

— Foyez-fus, — continua-t-il avec volubilité, en nous montrant un louis qui pendait à sa chaîne de montre, — ce luis-là, c'est un de ceux que fus m'afez tonnés... et fotre bedit mouchoir où fus afiez noué l'archent, je l'ai tuchurs garté aussi... c'est mon védiche! che l'ai là... tans mon bordefeuille...

Et il tira de la poche de son pardessus un énorme portefeuille...

En voyant ce mouvement, une nouvelle escouade d'agents se dirigea vers lui.

— Otez donc ça! — dis-je agacée — on va encore vous arrêter!...

Il éclata d'un bon gros rire, — qui me rappela le temps où perché sur son siège, il riait des farces que nous faisions dans l'omnibus, — et le portefeuille disparut dans les profondeurs de sa poche.

— C'est frai, bourtant!... ils groient que c'est mon lifre de baris, les impéciles!...

Et saluant, il ajouta :

— Che ne feux bas fus retenir blus long-temps!... ch'espère que fus ne m'en fudrez bas de fus avoir gausé gomme ça ?

— Pas du tout !... — dis-je sans conviction, car cette fois je ne pensais plus au cocher des Dames grises, mais à l'espion de 1870.

Dès que « Joseph » se fut éloigné, on me demanda :

— Ah çà!... pourquoi diable avez-vous donné quatre cents francs et votre mouchoir à cette canaille de Rabb?

FIN

# TABLE

PETIT BLEU . . . . . . . . . . . . . . . . . . . . . . .   1
MARIAGE MONDAIN. . . . . . . . . . . . . . . . . . 137
EN PRÉPARANT L'ARBRE DE NOËL . . . . . . . 165
PAS D'ÉTRANGÈRE! . . . . . . . . . . . . . . . . . . 205
JOSEPH. . . . . . . . . . . . . . . . . . . . . . . . . . . . 235

## CALMANN LÉVY, ÉDITEUR

### DU MÊME AUTEUR

#### Format gr. in-18

| | |
|---|---|
| AUTOUR DU MARIAGE, 70e édition | 1 volume |
| AUTOUR DU DIVORCE, 35e édition | 1 — |
| CE QUE FEMME VEUT, 15e édition | 1 — |
| ELLES ET LUI, 19e édition | 1 — |
| UN HOMME DÉLICAT, 21e édition | 1 — |
| JOIES CONJUGALES, 19e édition | 1 — |
| LE MONDE A COTÉ, 21e édition | 1 — |
| MADEMOISELLE LOULOU, 17e édition | 1 — |
| PAUVRES P'TITES FEMMES!!! 18e édition | 1 — |
| PETIT BOB, 28e édition | 1 — |
| PLUME ET POIL, 17e édition | 1 — |
| POUR NE PAS L'ÊTRE ! 19e édition | 1 — |
| LE PLUS HEUREUX DE TOUS, 15e édition | 1 — |
| SAC A PAPIER, 13e édition | 1 — |
| SANS VOILES, 17e édition | 1 — |
| LES SÉDUCTEURS, 17e édition | 1 — |
| LA VERTU DE LA BARONNE, 16e édition | 1 — |

#### Format in-8° colombier

**LES CHASSEURS**, un très beau volume illustré de 500 dessins de CRAFTY.

---

Paris. — Imprimerie J. CATHY, 3, rue Auber.

www.ingramcontent.com/pod-product-compliance
Lightning Source LLC
Chambersburg PA
CBHW050653170426

**43200CB00008B/1273**